CONTREFAÇON ARTISTIQUE

Copie de Partitions. — Vente ou location de Copies.
— Usage de Copies dans les Théâtres —
Usage illicite de Partitions.

INSTRUCTIONS SPÉCIALES

HENRI LEVÊQUE

AGENT GÉNÉRAL DE L'ASSOCIATION LITTÉRAIRE ET ARTISTIQUE INTERNATIONALE

17, Faubourg-Montmartre, 17

PARIS

CONTREFAÇON ARTISTIQUE

Copie de Partitions. — Vente ou location de Copies.

Usage de Copies dans les Théâtres. — Usage illicite de Partitions.

INSTRUCTIONS SPÉCIALES

(FRANCE — *Circulaire Nº 1*).

HENRI LEVÊQUE

AGENT GÉNÉRAL DE L'ASSOCIATION LITTÉRAIRE ET ARTISTIQUE INTERNATIONALE

17, Faubourg-Montmartre, 17

PARIS

CONTREFAÇON ARTISTIQUE

ŒUVRES MUSICALES

Copie de partitions. — Vente ou location des copies.

Monsieur,

En présence du développement considérable que les contrefaçons musicales, faites au moyen de la copie manuscrite ou de l'autographie, ont pris en France, les Éditeurs de Musique dont les noms figurent aux Catalogues ci-joints (*Annexes n°s 1 et 2*) ont résolu de sévir énergiquement.

Ils m'ont chargé de rechercher les reproductions illicites des œuvres leur appartenant et de poursuivre tous les délits qui pourraient, de ce chef, être constatés.

Je viens donc vous prier de surveiller très activement les établissements de votre ville et, dans les différents cas qui pourront se présenter, de vouloir bien agir conformément aux présentes instructions spéciales.

PRINCIPES GÉNÉRAUX

Toute copie, *par quelque moyen que ce soit,* **constitue un délit de contrefaçon.**

Ce principe, fréquemment appliqué par les tribunaux, a été plusieurs fois développé dans les termes suivants :

« Celui qui, dans un but de commerce, copie (*même partiellement*) et vend ou loue des compositions musicales — partitions ou parties d'orchestre — fait une reproduction interdite et commet, au détriment des auteurs ou éditeurs, le délit de contrefaçon prévu par l'article 425 du Code pénal ».

Nul n'a le droit de copier ou faire copier, soit pour son usage personnel, soit dans le but de vendre ou de louer, une partition musicale dont il n'est pas le propriétaire.

Le fait de copier, faire copier, vendre ou donner en location, acquérir ou détenir une œuvre musicale copiée, *en totalité ou en partie,* au détriment de l'éditeur-propriétaire, donne ouverture à une action en dommages-intérêts et en confiscation de la copie contrefaite.

Donc, ces délits appellent la saisie, suivie d'amendes, confiscation, dommages-intérêts, ainsi que cela ressort des arrêts que vous trouverez reproduits plus loin. (*Annexe n° 11 et suivantes.*)

LÉGISLATION

Loi des 19-24 Juillet 1793.

Art. 1er. — Les auteurs d'écrits en tous genres, les compositeurs de musique, les peintres et dessinateurs qui feront graver des tableaux ou dessins, jouiront, durant leur vie entière, du droit exclusif de vendre, faire vendre et distribuer leurs ouvrages dans le territoire de la République, et d'en céder la propriété en tout ou en partie.

Art. 2. — Leurs héritiers ou cessionnaires jouiront du même droit durant l'espace de dix ans après la mort des auteurs (1).

Art. 3. — Les officiers de paix (2) seront tenus de faire confisquer, à la réquisition et au profit des auteurs, compositeurs, peintres ou dessinateurs et autres, leurs héritiers ou cessionnaires, tous les exemplaires des éditions imprimées ou gravées sans la permission formelle et par écrit des auteurs.

Art. 4. — Tout contrefacteur sera tenu de payer au véritable propriétaire une somme équivalente au prix de trois mille exemplaires de l'édition originale.

Art. 5. — Tout débitant d'édition contrefaite, s'il n'est pas reconnu contrefacteur, sera tenu de payer au propriétaire une somme équivalente au prix de cinq cents exemplaires de l'édition originale.

Art. 6. — Tout citoyen qui mettra au jour un ouvrage, soit de littérature ou de gravure, dans quelque genre que ce soit, sera obligé d'en déposer deux exemplaires à la Bibliothèque nationale ou au Cabinet des estampes de la République, dont il recevra un reçu

---

(1) Le délai de dix ans a été successivement porté à trente ans par la loi du 8 Avril 1854 et à cinquante ans par celle du 14 Juillet 1866.

(2) Les fonctions attribuées aux officiers de paix par cet article sont exercées, depuis le décret du 19 Juillet 1795, par les commissaires de police et par les juges de paix dans les lieux où il n'y a pas de commissaire de police.

signé par le bibliothécaire ; faute de quoi, il ne pourra être admis en justice pour la poursuite des contrefacteurs.

Art. 7. — Les héritiers de l'auteur d'un ouvrage de littérature ou de toute autre production de l'esprit ou du génie qui appartienne aux beaux-arts, en auront la propriété exclusive pendant dix années (1).

CODE PÉNAL

Art. 425. — Toute édition (2) d'écrits, de compositions musicales, de dessin, de peinture ou de toute autre production, imprimée ou gravée en entier ou en partie, au mépris des lois et règlements relatifs à la propriété des auteurs, est une contrefaçon ; et toute contrefaçon est un délit.

Art. 426. — Le débit d'ouvrages contrefaits, l'introduction sur le territoire français d'ouvrages qui, après avoir été imprimés en France, ont été contrefaits chez l'étranger, sont un délit de la même espèce.

Art. 427. — La peine contre le contrefacteur ou contre l'introducteur sera une amende de 100 francs au moins et de 2,000 francs au plus ; et contre le débitant, une amende de 25 francs au moins et de 500 francs au plus (3).

Le confiscation de l'édition contrefaite sera prononcée tant contre le contrefacteur que contre l'introducteur et le débitant.

Les planches, moules ou matrices des objets contrefaits seront aussi confisqués.

---

(1) Voir page 5, note 1.

(2) L'*édition* est la reproduction totale ou partielle de toute œuvre littéraire ou artistique ; et le délit de contrefaçon existe quel que soit le mode de publication ou de mise au jour de l'œuvre par lequel elle est obtenue, bien que l'article 425 ne parle que des productions imprimées ou gravées (Cour de Cassation, Arrêt du 13 Février 1861).

(3) Voir, page 5, les articles 4 et 5 de la loi des 19-24 Juillet 1793 qui fixent des pénalités beaucoup plus fortes. Les tribunaux combinent ces deux articles avec l'articles 427 ci-dessus pour taxer les dommages-intérêts dûs par les contrefacteurs et les débitants d'éditions contrefaites.

THÉATRES

I

Usage des Copies dans les Théâtres

Malgré la loi, malgré la jurisprudence établie, certains directeurs font exécuter les œuvres dramatico-musicales : opéras, opéras-comiques, opéras-bouffes, opérettes, avec des matériels d'orchestre contrefaits, *en totalité ou en partie*, au moyen de la copie manuscrite ou de l'autographie.

Tout directeur qui emploie une copie contrefaite doit être personnellement mis en cause et inculpé de délit de contrefaçon, conformément à la loi des 19-24 Juillet 1793, combinée avec l'article 1er de la loi du 25 Prairial, an III, et les articles 425, 426 et 427 du Code pénal.

II

Usage illicite de partitions gravées
ou de partitions manuscrites provenant régulièrement
de l'éditeur propriétaire (*portant le timbre de sa maison*)

Lorsqu'un directeur veut représenter une œuvre dramatico-musicale, il doit, au préalable, s'adresser à l'éditeur-propriétaire, soit pour acheter les parties d'orchestre et autres, nécessaires à l'exécution, soit pour passer un traité de location avec cet éditeur.

Dans le premier cas (*vente*), le directeur qui s'est rendu propriétaire, n'a plus à se munir de l'autorisation de l'éditeur pour représenter l'œuvre dont il a acquis le matériel, car il a passé, avec l'éditeur, un traité stipulant que **ce matériel ne peut servir qu'à lui**, *dans les théâtres, dénommés audit traité, dont il a la direction. (Voir modèle de traité de vente, Annexe n° 5.)*

Dans le second cas (*location*), le directeur qui s'est rendu locataire a également passé, avec l'éditeur-propriétaire, un traité stipulant que **le matériel loué ne peut servir qu'au locataire** *dans les théâtres ou localités spécifiés au traité* et doit être rendu à l'éditeur qui a fait la location, aussitôt que le terme assigné à celle-ci est expiré. (*Voir modèle de traité de location, Annexe n° 6.*)

En conséquence, **jamais** les matériels d'orchestre — qu'ils soient *achetés* ou qu'ils soient *loués* par traité — ne peuvent être employés par des tiers, prêtés, copiés, *en totalité ou en partie*, vendus, cédés ou sous-loués, sans qu'il y ait préjudice porté au droit de l'éditeur-propriétaire.

Il ressort de ce qui précède qu'un directeur de théâtre peut porter atteinte au droit de l'éditeur-propriétaire de l'œuvre qu'il représente :

1° En se servant d'un matériel d'orchestre qui a été **vendu** à un autre que lui ;

2° En se servant d'un matériel d'orchestre qui a été **loué** à un autre que lui;

3° En se servant d'un matériel d'orchestre contrefait au moyen de la **copie** ou autrement;

4° En prêtant, louant, ou vendant un matériel qui lui a été **vendu,** mais qui devait rester à tel ou tel théâtre, par traité.

5° En sous-louant ou prêtant au directeur d'un autre théâtre un matériel qui lui a été **loué** pour tel ou tel théâtre, par traité.

Observation relative aux Théâtres municipaux

Dans certaines localités, il existe, soit aux archives du théâtre municipal, soit à la bibliothèque de la Ville, des matériels d'orchestre qui sont propriétés communales.

Ces matériels n'ont été vendus par l'éditeur **que pour servir aux représentations du théâtre municipal.**

S'ils étaient employés par des tiers, prêtés, copiés, vendus, cédés ou sous-loués; s'ils servaient à des représentations dans une autre ville, le maire de la ville à laquelle les matériels ont été vendus sous la condition d'usage exclusif, serait, solidairement avec le directeur du théâtre municipal, rendu responsable du préjudice causé et du paiement de l'indemnité prévue pour inexécution du contrat de vente.

Observation importante

Le Catalogue n° 1 (*Annexe n° 1*), vous donne la liste des œuvres dont vous aurez à surveiller les contrefaçons faites au moyen de la **copie**.

Le Catalogue n° 2 (*Annexe n° 2*), vous donne la liste des œuvres dont vous aurez à surveiller l'exécution faite au moyen de matériels d'orchestre qui n'auraient pas été **loués** ou **achetés** régulièrement à l'éditeur-propriétaire.

SURVEILLANCE

Aucune location des matériels d'orchestre figurant aux Annexes n°ˢ 1 et 2 ne sera faite aux directeurs de votre ville sans que vous en soyez avisé immédiatement.

Les ouvrages loués devront être inscrits, dès la réception de l'avis, sur le cahier spécial d'enregistrement des locations. (*Voir modèle, Annexe n° 7.*)

Lorsque vous verrez annoncer une œuvre musicale.

vous voudrez bien consulter les catalogues (*Annexes n°s 1 et 2*) ainsi que votre cahier spécial d'enregistrement des locations (*Annexe n° 7*).

Si l'œuvre figure aux catalogues et au cahier d'enregistrement, c'est que le directeur se sera mis en règle vis-à-vis de l'éditeur-propriétaire.

Si, au contraire, elle figure aux catalogues et que, aucun avis de location ne vous ayant été donné, elle soit absente du cahier spécial d'enregistrement des locations, cela vous révèlera une irrégularité et vous voudrez bien me demander des instructions par dépêche.

SAISIE

Lorsque je vous aurai prié de saisir, il ne vous restera plus qu'à agir ainsi qu'il suit :

Muni de la réquisition (*Annexe n° 8*), vous demanderez au commissaire de police de vous accompagner au théâtre et de procéder à la saisie du matériel d'orchestre dont il sera fait usage.

Il vous sera délivré un double du procès-verbal (*voir modèle, Annexe n° 10*). Vous voudrez bien me l'adresser ; je vous enverrai immédiatement toutes instructions pour les suites à donner à l'affaire.

Dans le cas où le commissaire de police ferait des difficultés pour se rendre à votre réquisition, il vous suffira de lui mettre sous les yeux la lettre (*Annexe n° 9*), adressée, le 4 Juin 1887, à Messieurs Choudens père et fils, par M. Levaillant, Directeur de la Sûreté générale, pour l'éclairer sur l'étendue de ses devoirs.

Le Directeur devra déclarer de quelle source proviennent les partitions saisies.

CONSÉQUENCES DE LA SAISIE

La saisie étant opérée, le directeur se trouvera en présence de deux alternatives :

1° Une assignation en police correctionnelle ;

2° Une transaction amiable.

Si le directeur en cause sollicitait une transaction, la seule condition possible à l'abandon des poursuites serait la remise immédiate des matériels d'orchestre illicites qui pourraient se trouver encore entre ses mains.

Dans certains cas, il y aura lieu d'exiger, en outre, du directeur, une indemnité pécuniaire basée sur le préjudice causé, proportionnellement à l'usage fait précédemment des partitions illicites. — Je m'entendrai avec vous sur la somme à fixer, mais, dans tous les cas, des pourparlers de cette nature ne pourront être engagés qu'après que le directeur aura consenti à mettre à votre disposition, pour que vous y puissiez faire toutes recherches nécessaires, les archives de son théâtre.

Vous saisirez alors toutes les copies d'œuvres figurant au Catalogue n° 1 (*Annexe n° 1*), qui pourraient s'y trouver.

Si vous trouviez des partitions gravées ou des partitions manuscrites (*revêtues du timbre de l'éditeur-propriétaire*), des œuvres figurant au Catalogue n° 2 (*Annexe n° 2*), vous auriez également à les saisir, à moins que le directeur ne puisse produire un contrat régulier, passé avec l'éditeur.

EXÉCUTIONS AU PIANO

Certains directeurs remplacent l'accompagnement d'orchestre par l'accompagnement au piano.

Cela ne peut se faire sans autorisation spéciale.

Lorsque vous saurez qu'une représentation d'opéra, d'opéra-comique, d'opéra-bouffe ou d'opérette devra être donnée dans ces conditions, vous voudrez bien m'en informer par dépêche.

Les auteurs feront alors, s'il y a lieu, signifier au directeur défense formelle d'exécuter leur œuvre.

Lorsqu'il se présentera des cas spéciaux, que la présente circulaire n'aurait pas prévus, je vous serai très obligé de vouloir bien m'en informer par dépêche.

Je m'empresserai de vous édifier sur ce qu'il y aura lieu de faire.

HENRI LEVÈQUE,

Agent Général de l'Association Littéraire et Artistique Internationale.

Paris, le 15 Avril 1889.

Les instructions qui précèdent, relatives aux œuvres dramatico-musicales, pourraient s'appliquer aux contrefaçons d'ouvrages symphoniques, oratorios, messes, chœurs, exécutés par les sociétés philharmoniques, les orphéons, les musiques d'harmonie, les fanfares, les maîtrises, etc.

D'autres contrefaçons se produisent également en France : ce sont principalement des copies manuscrites ou reproductions par l'autographie des chœurs, cantiques, romances, chansonnettes, etc.

Elles se font, le plus souvent, dans des établissements d'instruction publique, pour l'usage des élèves.

Ces différentes questions feront l'objet d'une circulaire spéciale.

Il est bien entendu que les *droits de représentation et d'exécution*, dûs aux auteurs et compositeurs, perçus par la Société des Auteurs et Compositeurs dramatiques et par la Société des Auteurs, Compositeurs et Éditeurs de musique, n'ont rien de commun avec les *droits de reproduction* dont la défense fait l'objet de la présente circulaire.

Imprimerie E. BLEFNER-THIERRY, 35, Rue Lafitte, PARIS

ANNEXE N° 1. — CATALOGUE N° 1

Liste des œuvres dont il y a lieu de rechercher les contrefaçon faites au moyen de la COPIE.

Aben-Hamet.	Opéra	4 act.	Th. Dubois.	H. Heugel.
Acléon.	Op.-com.	1 act.	Auber.	Ph. Maquet et Cᵉ.
Adam et Ève.	Opᵗᵉ fanᵗᵘᵉ.	3 act.	G. Serpette.	H. Heugel.
A Deux de jeu.	Opérette.	1 act.	Vandenesse.	Choudens fils.
Africaine (l').	Opéra.	5 act.	Meyerbeer.	Ph. Maquet et Cᵉ.
Aïda.	Opéra.	4 act.	Verdi.	A. Leduc.
Ali-Baba.	Op.-com.	3 act.	Ch. Lecocq.	Choudens fils.
Ali-pot d'Rhum.	Opérette.	1 act.	Bernicat.	Choudens fils.
Alma l'Incantatrice.	Opéra.	4 act.	Flotow.	Ph. Maquet et Cᵉ.
Ambassadrice (l')	Op.-com.	3 act.	Auber.	Ph. Maquet et Cᵉ.
Amour africain (l')	Op.-com.	2 act.	Paladilhe.	G. Hartmann et Cᵉ.
Amour et son hôte (l').	Op.-com.	1 act.	Ed. de Hartog.	H. Heugel.
Amour médecin (l').	Op.-com.	3 act.	Poise.	Durand et Schœnewerk.
Amour mouillé (l').	Op.-com.	3 act.	Varney.	Choudens fils.
Amoureux de Catherine (les).	Op.-com.	1 act.	H. Maréchal.	L. Grus.
Amphytrion.	Opérette.	1 act.	P. Lacome.	Enoch et Costallat.
Anne de Boleyn.	Opéra.	5 act.	Donizetti.	H. Lemoine et fils.
Arlésienne (l').	Drame.	4 act.	Bizet.	Choudens fils.
Attendez - moi sous l'orme.	Op.-com.	1 act.	V. d'Indy.	Enoch et Costallat.
Aventure d'Arlequin (une).	Op.-com.	1 act.	P. Hillemacher.	A. Leduc.
Babolin.	Op.-com.	3 act.	Varney.	Choudens fils.
Bagatelle.	Op.-com.	1 act.	Offenbach.	Choudens fils.
Baiser pour tot (un).	Opérette.	1 act.	G. Douay.	A. Leduc.
Barbe-Bleue.	Op.-bouffe.	3 act.	Offenbach.	H. Heugel.
Barbier de Trouville (le).	Opérette.	1 act.	Ch. Lecocq.	Ph. Maquet et Cᵉ.
Barcarolle (la).	Op.com.	3 act.	Auber.	Ph. Maquet et Cᵉ.
Bathyle.	Op.-com.	1 act.	Chaumet.	Choudens fils.

Bavards (les).	Opérette.	2 act.	OFFENBACH.	PH. MAQUET et C°.
Béarnaise (la).	Op.-com.	3 act.	A. MESSAGER.	ENOCH et COSTALLAT.
Béatrice et Bénédict.	Opéra.	2 act.	BERLIOZ.	PH. MAQUET et C°.
Beau Nicolas (le).	Op.-com.	3 act.	P. LACOME.	ENOCH et COSTALLAT.
Belle Bourbonnaise (la).	Op.-com.	3 act.	A. CŒDÈS.	A. LEDUC.
Belle Lurette.	Op.-com.	3 act.	OFFENBACH.	CHOUDENS fils.
Benvenuto Cellini.	Opéra.	3 act.	BERLIOZ.	CHOUDENS fils.
Bergère châtelaine (la).	Op.-com.	3 act.	AUBER.	PH. MAQUET et C°.
Bianca Capello.	Opéra.	5 act.	H. SALOMON.	A. LEDUC.
Bijou perdu (le).	Op.-com.	3 act.	ADAM.	A. LEDUC.
Bijoux de Jeannette (les).	Opérette.	1 act.	A. GODARD.	CHOUDENS fils.
Billet de logement (le).	Op.-com.	3 act.	VASSEUR.	CHOUDENS fils.
Billet de Marguerite (le).	Op.-com.	1 act.	GEVAERT.	H. LEMOINE et fils.
Blanchisseuse (la).	Opérette.	3 act.	VASSEUR.	CHOUDENS fils.
Bois (le).	Op.-com.	1 act.	ALB. CAHEN.	G. HARTMANN et C°.
Boîte au lait (la).	Opérette.	4 act.	OFFENBACH.	CHOUDENS fils.
Boulangère a des écus (la).	Op.-bouffe.	3 act.	OFFENBACH.	CHOUDENS fils.
Bouquet de l'Infante (le).	Op.-com.	3 act.	A. BOIELDIEU.	L. GRUS.
Bouquet de violettes (le).	Opérette.	1 act.	MARTINET.	CHOUDENS fils.
Bourgeois de Calais (le).	Op.-com.	3 act.	A. MESSAGER.	ENOCH et COSTALLAT.
Bouton perdu (le).	Opérette.	1 act.	TALEXY.	L. GRUS.
Braconniers (les).	Op.-bouffe.	3 act.	OFFENBACH.	CHOUDENS fils.
Bravo (le).	Opéra.	3 act.	SALVAYRE.	H. LEMOINE et fils.
Brigands (les).	Opéra.	4 act.	VERDI.	CHOUDENS fils.
Camargo (la).	Opérette.	3 act.	CH. LECOCQ.	PH. MAQUET et C°.
Capitaine Fracasse (le).	Op.-com.	3 act.	E. PESSARD.	A. LEDUC.
Capitaine Henriot (le).	Op.-com.	3 act.	GEVAERT.	L. GRUS.
Carmen.	Op.-com.	4 act.	BIZET.	CHOUDENS fils.
Carnaval de Venise (le).	Op.-com.	3 act.	A. THOMAS.	H. LEMOINE et fils.
Castor et Pollux.	Bouffon^te.	1 act.	E. PESSARD.	A. LEDUC.
Cendrillon.	Op.-com.	3 act.	NICOLO.	PH. MAQUET et C°.
Cendrillon.	Op.-com.	3 act.	ROSSINI.	H. LEMOINE et fils.
Cent Vierges (les).	Opérette.	3 act.	CH. LECOCQ.	PH. MAQUET et C°.

Châlet (le).	Op.-com.	1 act.	ADAM.	H. LEMOINE et fils.
Chanteuse voilée (la).	Op.-com.	3 act.	MASSÉ.	H. LEMOINE et fils.
Chaperons blancs (les).	Op.-com.	3 act.	AUBER.	PH. MAQUET et Cª.
Char (le).	Op.-com.	1 act.	E. PESSARD.	A. LEDUC.
Charbonniers (les).	Opérette.	1 act.	J. COSTÉ.	H. HEUGEL.
Charles VI.	Opéra.	5 act.	HALÉVY.	H. LEMOINE et fils.
Château Trompette (le).	Op.-com.	3 act.	GEVAERT.	L. GRUS.
Chercheuse d'es- prit (la).	Op.-com.	1 act.	AUDRAN.	CHOUDENS fils.
Cheval de Bronze (le).	Op-com.	3 act.	AUBER.	PH. MAQUET et Cª.
Chevalier Jean (le).	Opéra.	4 act.	JONCIÈRES.	L. GRUS.
Chevalier Mignon (le).	Op.-com.	3 act.	WENZEL.	CHOUDENS fils.
Chevalier Timide (le).	Op.-com.	1 act.	ED. MISSA.	A LEDUC.
Cid (le).	Opéra.	4 act.	MASSENET.	G. HARTMANN et Cª.
Cigale et la Fourmi (la).	Op.-com.	3 act.	AUDRAN.	CHOUDENS fils.
Cigale Madrilène (la).	Op.-com.	2 act.	PERRONNET.	H. LEMOINE et fils.
Cinq-Mars.	Opéra.	4 act.	GOUNOD.	L. GRUS.
Clochette (la).	Op.-com.	1 act.	HÉROLD.	H. LEMOINE et fils.
Cœur et la main (le).	Opérette.	3 act.	CH. LECOCQ.	PH. MAQUET et Cª.
Colombe (la).	Op.-com.	2 act.	GOUNOD.	CHOUDENS fils.
Comte Ory (le).	Opéra.	2 act.	ROSSINI.	PH. MAQUET et Cª.
Confession de Ro- sette (la).	Opérette.	1 act.	PLANQUETTE.	H. HEUGEL.
Contes d'Hoffmann.	Op.-com.	4 act.	OFFENBACH.	CHOUDENS fils.
Coquelicot.	Op.-com.	3 act.	VARNEY.	CHOUDENS fils.
Cosaque (la).	Com.-opᵗᵉ	3 act.	HERVÉ.	CHOUDENS fils.
Coupe du Roi de Thulé (la).	Opéra.	3 act.	E. DIAZ.	L. GRUS.
Créole (la).	Op.-com.	3 act.	OFFENBACH.	CHOUDENS fils.
Croix de l'Alcade (la).	Op.-com.	3 act.	PERNY.	CHOUDENS fils.
Cruche cassée (la).	Op.-com.	1 act.	E. PESSARD.	A. LEDUC.
Dame de Monso- reau (la).	Opéra.	5 act.	SALVAYRE.	CHOUDENS fils.
Dame de pique (la).	Op.-com.	3 act.	HALÉVY.	H. LEMOINE et fils.
Dans la rue.	Opérette.	1 act.	CASPERS.	PH. MAQUET et Cª.
Délégués (les).	Vaudᵉ-opᵗᵉ	3 act.	A. BANÈS.	ENOCH et COSTALLAT.
Dernier jour de Pompeï (le).	Opéra.	4 act.	JONCIÈRES.	CHOUDENS fils.

Deux Aveugles (les).	Opérette.	1 act.	OFFENBACH.	PH. MAQUET et Cᵉ.
Deux billets (les).	Op.-com.	1 act.	F. POISE.	H. HEUGEL.
Deux coups de marteau.	Opérette.	1 act.	BERNICAT.	CHOUDENS fils.
Deux cousines (les).	Opérette.	1 act.	H. VANGAEL.	A. LEDUC.
Deux Foscari (les).	Opéra.	4 act.	VERDI.	CHOUDENS fils.
Deux Pêcheurs (les).	Opérette.	1 act.	OFFENBACH.	PH. MAQUET et Cᵉ.
Deux Reines (les).	Drame.	5 act.	GOUNOD.	CHOUDENS fils.
Deux vieilles Gardes.	Opérette.	1 act.	DELIBES.	PH. MAQUET et Cᵉ.
Deux Voleurs (les).	Op-Com.	1 act.	GÉRARD.	H. LEMOINE et fils.
Devinette (une).	Opérette.	1 act.	A. PILATI.	A. LEDUC.
Diable au moulin (le).	Op.-com.	1 act.	GEVAERT.	L. GRUS.
Diamants de la Couronne (les).	Op.-com.	3 act.	AUBER.	PH. MAQUET et Cᵉ.
Diana.	Op.-com.	3 act.	PALADILHE.	CHOUDENS fils.
Dieu et la Bayadère (le).	Opéra.	2 act.	AUBER.	PH. MAQUET et Cᵉ.
Dimitri.	Opéra.	4 act.	JONCIÈRES.	L. GRUS.
Dix jours aux Pyrénées.	Opérette	3 act.	VARNEY.	CHOUDENS fils.
Djamileh.	Op.-com.	1 act.	BIZET.	CHOUDENS fils.
Docteur Frontin (le).	Opérette.	1 act.	NARGEOT.	CHOUDENS fils.
Docteur Miracle (le).	Op.-com.	1 act.	CH. LECOCQ.	PH. MAQUET et Cᵉ.
Docteur Ox (le).	Op.-bouffe.	3 act.	OFFENBACH.	CHOUDENS fils.
Don César de Bazan.	Op.-com.	4 act.	MASSENET.	G. HARTMANN et Cᵉ.
Domino noir (le).	Op.-com.	3 act.	AUBER.	PH. MAQUET et Cᵉ.
Don Pasquale.	Opéra.	3 act.	DONIZETTI.	L. GRUS.
Don Quichotte.	Op.-bouffe.	1 act.	E. PESSARD.	A. LEDUC.
Dormeuse (la) éveillée.	Op.-com.	3 act.	AUDRAN.	CHOUDENS fils.
Dot mal placée (la).	Op.-bouffe.	3 act.	P. LACOME.	ENOCH et COSTALLAT.
Double Échelle (la).	Op.-com.	1 act.	A. THOMAS.	H. LEMOINE et fils.
Double épreuve (la).	Opérette.	1 act.	VERCKEN.	CHOUDENS fils.
Dragées de Suzette (les).	Op.-com.	1 act.	SALOMON.	CHOUDENS fils.
Dragon de la Reine.	Op.-com.	3 act.	WENZEL.	CHOUDENS fils.
Dragons de Villars (les).	Op.-com.	3 act.	MAILLART.	PH. MAQUET et Cᵉ.
Drapier dans de mauvais draps (un).	Opérette.	1 act.	VANDENESSE.	CHOUDENS fils.

Droit du Seigneur (le).	Op.-com.	3 act.	VASSEUR.	CHOUDENS fils.
Duc d'Olonne (le).	Op.-com.	3 act.	AUBER.	PH. MAQUET et Cᵉ.
Duel de Benjamin (le).	Opérette.	1 act.	JONAS.	CHOUDENS fils.
Éclair (l').	Op.-com.	3 act.	HALÉVY.	H. LEMOINE et fils.
Écossais de Chatou (l').	Opérette.	1 act.	L. DELIBES.	PH. MAQUET et Cᵉ.
Éducation manquée (une).	Opérette.	1 act.	EM. CHABRIER.	ENOCH et COSTALLAT.
Élisabeth de Hongrie.	Opéra.	4 act.	J. BEER.	PH. MAQUET et Cᵉ.
Enfant prodigue (l').	Opéra.	5 act.	AUBER.	PH. MAQUET et Cᵉ.
Enclume (l').	Op.-com.	1 act.	PFEIFFER.	PH. MAQUET et Cᵉ.
Ernani.	Opéra.	5 act.	VERDI.	H. LEMOINE et fils.
Erostrate.	Opéra.	2 act.	REYER.	CHOUDENS fils.
Erinnyes (les).	Tragédie.	2 act.	MASSENET.	G. HARTMANN et Cᵉ.
Esclarmonde.	Opéra.	4 act.	MASSENET.	G. HARTMANN et Cᵉ.
Étienne Marcel.	Opéra.	4 act.	SAINT-SAËNS.	DURAND et SCHŒNEWERK.
Étoile (l').	Op.-bouffe.	3 act.	EM. CHABRIER.	ENOCH et COSTALLAT.
Étoile de Séville (l').	Op.-com.	3 act.	BALFE.	H. LEMOINE et fils.
Étoile du Nord (l').	Op.-com.	3 act.	MEYERBEER.	PH. MAQUET et Cᵉ.
Famille Trouillat (la).	Opérette.	3 act.	VASSEUR.	CHOUDENS fils.
Fanchonnette (la).	Op.-com.	3 act.	CLAPISSON.	H. LEMOINE et fils.
Fanfan-la-Tulipe.	Op.-com.	3 act.	VARNEY.	CHOUDENS fils.
Fanfreluche.	Op. com.	3 act.	SERPETTE.	CHOUDENS fils.
Farfadet (le).	Op.-com.	1 act.	ADAM.	PH. MAQUET et Cᵉ.
Faust.	Opéra.	5 act.	GOUNOD.	CHOUDENS fils.
Fauvette du Temple (la).	Op.-com.	3 act.	A. MESSAGER.	ENOCH et COSTALLAT.
Favorite (la).	Opéra.	4 act.	DONIZETTI.	L. GRUS.
Fée aux roses (la).	Op.-com.	3 act.	HALÉVY.	H. LEMOINE et fils.
Femme à papa (la).	Com.-opᵗᵉ	3 act.	HERVÉ.	CHOUDENS fils.
Fiancée (la).	Op.-com.	3 act.	AUBER.	PH. MAQUET et Cᵉ.
Fiancée d'Abydos (la).	Opéra.	3 act.	BARTHE.	CHOUDENS fils.
Fiancée de Corinthe (la).	Opéra.	1 act.	J. DUPRATO.	H. HEUGEL.
Fiancée des Verts Poteaux (la).	Opérette.	3 act.	AUDRAN.	CHOUDENS fils.
Fille de Madame Angot (la).	Opérette.	3 act.	CH. LECOCQ.	PH. MAQUET ET Cᵉ.

Fille du Régiment (la).	Op.-com.	3 act.	Donizetti.	H. Lemoine et fils.
Fille du Tambour Major (la).	Op.-com.	3 act.	Offenbach.	Choudens fils.
Filleule du roi (la).	Op.-com.	3 act.	Vogel.	Enoch et Costallat.
Fior d'Aliza.	Opéra.	4 act.	Massé.	Choudens fils.
Fleur de Thé.	Opérette.	3 act.	Ch. Lecocq.	Ph. Maquet et Cⁱᵉ.
Florentin (le).	Opéra.	3 act.	Lenepveu.	H. Lemoine et fils.
Foire de Saint-Laurent (la).	Op.-bouffe.	3 act.	Offenbach.	Choudens fils.
Force du Destin (la).	Opéra.	4 act.	Verdi.	Choudens fils.
Fra-Diavolo.	Op.-com.	3 act.	Auber.	Ph. Maquet et Cⁱᵉ.
Freyschütz.	Opéra.	3 act.	Weber.	Ph. Maquet et Cⁱᵉ.
Françoise de Rimini.	Opéra.	4 act.	Amb. Thomas.	H. Heugel.
Fusilier dans l'embarras (un).	Op.-bouffe.	1 act.	L. Fossey.	A. Leduc.
Gamine de Paris (la).	Op.-com.	3 act.	Serpette.	Choudens fils.
Galathée.	Op.com.	2 act.	Massé.	L. Grus.
Gandolfo.	Opérette.	1 act.	Ch. Lecocq.	Ph. Maquet et Cⁱᵉ.
Gardeuse d'oies (la).	Opérette.	3 act.	Lacome.	Choudens fils.
Geneviève de Brabant.	Op.-bouffe.	3 act.	Offenbach.	H. Heugel.
Gil Blas.	Op.-com.	3 act.	Semet	Choudens fils.
Gilles de Bretagne.	Opéra.	4 act.	H. Kowalski.	A. Leduc.
Gillette de Narbonne.	Op.-com.	3 act.	Audran.	Choudens fils.
Giralda.	Op.-com.	3 act.	Adam.	Ph. Maquet et Cⁱᵉ.
Giroflé-Girofla.	Opérette.	3 act.	Ch. Lecocq.	Ph. Maquet et Cⁱᵉ.
Girouette (la).	Op.-com.	3 act.	Cœdès.	Choudens fils.
Grand-Casimir (le).	Opérette.	3 act.	Ch. Lecocq.	Ph. Maquet et Cⁱᵉ.
Grande-Duchesse de Gérolstein (la).	Opérette.	3 act.	Offenbach.	Ph. Maquet et Cⁱᵉ.
Grand-Mogol (le).	Op.-com.	3 act.	Audran.	Choudens fils.
Graziella.	Opéra.	2 act.	Aᵈᵉ Choudens.	Choudens fils.
Grelot (le).	Opérette.	1 act.	Vasseur.	Choudens fils.
Guido et Ginevra.	Opéra.	4 act.	Halévy.	H. Lemoine et fils.
Guillaume Tell.	Opéra.	4 act.	Rossini.	L. Grus.
Guitarero.	Op.-com.	4 act.	Halévy.	H. Lemoine et fils.
Gwendoline.	Opéra.	2 act.	Em. Chabrier.	Enoch et Costallat.
Hamlet.	Opéra.	5 act.	Amb. Thomas.	H. Heugel.
Henri VIII.	Opéra.	4 act.	Saint-Saëns.	Durand et Schœnewerk.

Haydée.	Op.-com.	3 act.	Auber.	Ph. Maquet et Ce.
Héraclite et Démocrite.	Opérette.	1 act.	Douay.	Choudens fils.
Héritage du Postillon. (l')	Opérette.	1 act.	A. L'Eveillé.	A. Leduc.
Hérodiade.	Opéra.	4 act.	Massenet.	G. Hartmann et Ce.
Horreurs de la Guerre (les).	Opérette.	2 act.	Costé.	Ph. Maquet et Ce.
Huguenots (les).	Opéra.	5 act.	Meyerbeer.	Ph. Maquet et Ce.
Il Signor Fagotto.	Opérette.	1 act.	Offenbach.	L. Grus.
Italienne à Alger (l').	Op.-com.	3 act.	Rossini.	H. Lemoine et fils.
Janot.	Opérette.	3 act.	Ch. Lecocq.	Ph. Maquet et Ce.
Jean de Nivelles.	Opéra.	3 act.	Léo Delibes.	H. Heugel.
Jean le sot.	Opérette.	1 act.	A. Pilati.	A. Leduc.
Jeanne d'Arc.	Tragédie.	5 act.	Gounod.	Choudens fils.
Jeanne d'Arc.	Opéra.	3 act.	Verdi.	Choudens fils.
Jeanne, Jeannette et Jeanneton	Op.-com.	3 act.	P. Lacome.	Enoch et Costallat.
Jeannot et Colin.	Op.-com.	3 act.	Nicolo.	Ph. Maquet et Ce.
Jérusalem.	Opéra.	4 act.	Verdi.	G. Hartmann et Ce.
Jeunesse de Charles-Quint (la).	Op.-com.	2 act.	Montfort.	L. Grus.
Je veux mon peignoir.	Opérette.	1 act.	P. Lacome.	Enoch et Costallat.
Jocelyn.	Opéra.	4 act.	Godard.	Choudens fils.
Joconde.	Op.-com.	3 act.	Nicolo.	Ph. Maquet et Ce.
Jolie Fille de Perth (la).	Opéra.	4 act.	Bizet.	Choudens fils.
Jolie Parfumeuse (la).	Op.-com.	3 act.	Offenbach.	Choudens fils.
Jolie Persane (la).	Opérette.	3 act.	Ch. Lecocq.	Ph. Maquet et Ce.
Joli Gille.	Op.-com.	2 act.	F. Poise.	A. Leduc.
Joséphine vendue par ses sœurs.	Opérette.	3 act.	V. Roger.	Choudens fils.
Jour et la Nuit (le).	Opérette.	3 act.	Ch. Lecocq.	Ph. Maquet et Ce.
Juge et Partie.	Op.-com.	2 act.	Ed. Missa.	A. Leduc.
Jumeaux de Bergame (les).	Opérette.	1 act.	Ch. Lecocq.	Ph. Maquet et Ce.
Kosiki.	Opérette.	3 act.	Ch. Lecocq.	Ph. Maquet et Ce.
Lac des fées (le).	Opéra.	5 act.	Auber.	Ph. Maquet et Ce.
Lakmé.	Opéra.	3 act.	Léo Delibes.	H. Heugel.
Lestocq.	Op.-com.	4 act.	Auber.	Ph. Maquet et Ce.

Lili.	Opérette.	3 act.	Hervé.	Choudens fils.
Linda de Chamounix.	Opéra.	4 act.	Donizetti.	H. Lemoine et fils.
Lischen et Fritzchen.	Opérette.	1 act.	Offenbach.	Ph. Maquet et Cⁱᵉ.
Louise Miller.	Opéra.	4 act.	Verdi.	Choudens fils.
Lucie de Lamermoor.	Opéra.	4 act.	Donizetti.	L. Grus.
Lycéenne (la).	Opérette.	3 act.	Serpette.	Choudens fils.
Lydia ou les fiancés de Novgorod.	Op.-com.	1 act.	Ed. Missa.	A. Leduc.
Macbeth.	Opéra.	4 act.	Verdi.	Choudens fils.
Maçon (le).	Op.-com.	3 act.	Auber.	H. Lemoine et fils.
Madame Boniface.	Op.-com.	3 act.	P. Lacome.	Enoch et Costallat.
Madame Cartouche.	Op.-com.	3 act.	Léon Vasseur.	Enoch et Costallat.
Madame Favart.	Op.-Com.	3 act.	Offenbach.	Choudens fils.
Madame l'Archiduc.	Op.-bouffe.	3 act.	Offenbach.	Choudens fils.
Madame le Diable.	Opᵗᵉ féerie.	3 act.	Serpette.	Enoch et Costallat.
Mademoiselle Sylvia.	Op.-com.	1 act.	S. David.	A. Leduc.
Maître Ambros.	Drᵐᵉ Lyrᵗᵘᵉ	4 act.	Ch. M. Widor.	H. Heugel.
Maître Peronilla.	Op.-bouffe.	3 act.	Offenbach.	Choudens fils.
Maître Wolfram.	Op.-Com.	1 act.	Reyer.	Choudens fils.
Major Schlagmann (le).	Opérette.	1 act.	Ad. Fétis.	Ph. Maquet et Cⁱᵉ.
Mam'zelle Gavroche.	Opérette.	3 act.	Hervé.	H. Heugel.
Mam'zelle Nitouche.	Opérette.	3 act.	Hervé.	H. Heugel.
Manoir de Pictordu (le).	Opérette.	3 act.	Serpette.	Choudens fils.
Manon.	Op. com.	5 act.	Massenet.	G. Hartmann et Cⁱᵉ.
Mariage au tambour (le).	Op.-com.	3 act.	Léon Vasseur.	Enoch et Costallat.
Mariage avant la lettre (le).	Op.-com.	3 act.	Métra.	Choudens fils.
Mariage d'autrefois (un).	Op.-com.	1 act.	G. Douay.	A. Leduc.
Maria Padilla.	Opéra.	3 act.	Donizetti.	H. Lemoine et fils.
Marie de Rohan.	Opéra.	3 act.	Donizetti.	Choudens fils.
Mariée depuis midi.	Opérette.	1 act.	Jacobi.	Ph. Maquet et Cⁱᵉ.
Marjolaine (la).	Opérette.	3 act.	Ch. Lecocq.	Ph. Maquet et Cⁱᵉ.
Marquise (la).	Op.-com.	1 act.	Adam.	H. Lemoine et fils.
Marquise des rues (la).	Op.-cóm.	3 act.	Hervé.	Choudens fils.
Martha.	Op.-com.	4 act.	Flotow.	Ph. Maquet et Cⁱᵉ.
Martyrs (les).	Opéra.	5 act.	Donizetti.	H. Lemoine et fils.

Mascotte (la).	Op.-com.	3 act.	Audran.	Choudens fils.
Mathilde de Sabran.	Opéra.	3 act.	Rossini.	H. Lemoine et fils.
Mère des Compagnons (la).	Op.-com.	3 act.	Hervé.	Choudens fils.
Mesdames de la Halle.	Opérette.	1 act.	Offenbach..	Ph. Maquet et Cⁱᵉ.
Mignon.	Op.-com.	3 act.	Amb. Thomas.	H. Heugel.
Mina.	Op.-com.	3 act.	Amb. Thomas.	A. Leduc.
Minette et Matou.	Opérette.	1 act.	Villebichot.	Choudens fils.
Mireille.	Opéra.	3 act.	Gounod.	Choudens fils.
Moïse.	Opéra.	4 act.	Rossini.	Ph. Maquet et Cⁱᵉ.
Monsieur bien servi (un).	Opérette	1 act.	Nargeot.	Choudens fils.
Moucheron.	Opérette.	1 act.	Offenbach.	Choudens fils.
Moulin du Vert-Galant (le).	Op.-com.	3 act.	Serpette.	Choudens fils.
Mousquetaires de la Reine (les).	Op.-com.	3 act.	Halévy.	H. Lemoine et fils.
Mousquetaires au couvent (les).	Op.-com.	3 act.	Varney.	Choudens fils.
Mouton enragé (le).	Opérette.	1 act.	P. Lacome.	Enoch et Costallat.
Muette de Portici (la).	Opéra.	5 act.	Auber.	Ph. Maquet et Cⁱᵉ.
Myosotis (le).	Opérette.	1 act.	Ch. Lecocq.	Ph. Maquet et Cⁱᵉ.
Myrtille.	Op.-com.	3 act.	P. Lacome.	Enoch et Costallat.
Mystère (le).	Opérette.	1 act.	Vercken.	Choudens fils.
Nabab (le).	Op.-com.	3 act.	Halévy.	H. Lemoine et fils.
Nabuchodonosor.	Opéra.	5 act.	Verdi.	H. Lemoine et fils.
Neige (la).	Op.-com.	3 act.	Auber.	Ph. Maquet et Cⁱᵉ.
Néron.	Opéra	4 act.	A. Rubinstein.	H. Heugel.
Ninetta.	Op.-com.	3 act.	R. Pugno.	H. Heugel.
Ninon.	Op.-com.	3 act.	Vasseur.	Choudens fils.
Noces de Jeannette (les).	Op.-com.	1 act.	V. Massé.	L. Grus.
Noces d'Olivette (les).	Op.-com.	3 act.	Audran.	Choudens fils.
Noé.	Opéra.	3 act.	Halévy et Bizet.	Choudens fils.
Nonne Sanglante (la).	Drame.	5 act.	Gounod.	Choudens fils.
Nuit Blanche (la).	Opérette.	1 act.	Offenbach.	Ph. Maquet et Cⁱᵉ.
Nuit de Cléopâtre (une)	Opéra.	3 act.	V. Massé.	L. Grus.
Nuit de St Jean (la).	Op.-com.	1 act.	P. Lacome.	Enoch et Costallat.
Oiseau Bleu (l').	Op.-com.	3 act.	Lacome.	Choudens fils.
Ombre (l')	Op.-com.	3 act.	Flotow.	Ph. Maquet et Cⁱᵉ.

Omelette à la Follem-buche (l').	Opérette.	1 act.	DELIBES.	CHOUDENS fils.
On demande une femme de chambre.	Opérette.	1 act.	R. PLANQUETTE.	H. HEUGEL.
Ondines au Champagne.	Opérette.	1 act.	CH. LECOCQ.	PH. MAQUET et Cᵉ.
Opéra aux fenêtres (l').	Opérette.	1 act.	GATINEL.	PH. MAQUET et Cᵉ.
Ordonnance du com-mandant (l').	Opérette.	1 act.	HUBANS.	CHOUDENS fils.
Orphée aux enfers.	Op.-bouffe.	2 act.	J. OFFENBACH.	H. HEUGEL.
Oscarine.	Opérette.	3 act.	V. ROGER.	CHOUDENS fils.
Othello.	Opéra.	5 act.	ROSSINI.	H. LEMOINE et fils.
Pantins de Violette (les).	Opérette.	1 act.	ADAM.	PH. MAQUET et Cᵉ.
Pâques fleuries.	Op.-com.	3 act.	P. LACOME.	ENOCH et COSTALLAT.
Pardon de Ploërmel (le).	Op.-com.	3 act.	MEYERBEER.	PH. MAQUET et Cᵉ.
Part du Diable (la).	Op.-com.	3 act.	AUBER.	PH. MAQUET et Cᵉ.
Passant (le).	Op.-com.	1 act.	PALADILHE.	G. HARTMANN et Cᵉ.
Patrie.	Opéra.	4 act.	PALADILHE.	CHOUDENS fils.
Pattes Blanches (les).	Opérette.	1 act.	L. DE RILLÉ.	CHOUDENS fils.
Pêcheurs de Perles (les).	Opéra.	3 act.	BIZET.	CHOUDENS fils.
Pénitente (la).	Op.-com.	1 act.	Mᵐᵉ DE GRANDVAL.	A. LEDUC.
Pepito.	Op.-com.	1 act	OFFENBACH.	L. GRUS.
Périchole (la).	Opérette.	3 act.	OFFENBACH.	PH. MAQUET et Cᵉ.
Permission de dix heures (la).	Op.-com.	1 act.	OFFENBACH.	H. HEUGEL.
Petit Chaperon Rou-ge (le).	Op.-com.	3 act.	SERPETTE.	CHOUDENS fils.
Petit Duc (le).	Opérette.	3 act.	CH. LECOCQ.	PH. MAQUET et Cᵉ.
Petite Fadette (la).	Op.-com.	3 act.	SEMET.	PH. MAQUET et Cᵉ.
Petite Fronde (la).	Op.-com.	3 act.	AUDRAN.	CHOUDENS fils.
Petite Mademoi-selle (la).	Opérette.	3 act.	CH. LECOCQ.	PH. MAQUET et Cᵉ.
Petite Mariée (la).	Opérette.	3 act.	CH. LECOCQ.	PH. MAQUET et Cᵉ.
Petite Reine (la).	Op.-com.	3 act.	VASSEUR.	CHOUDENS fils.
Petit Faust (le).	Op.-bouffe.	3 act.	HERVÉ.	H. HEUGEL.
Petits Mousquetai-res (les).	Op.-com.	3 act.	VARNEY.	CHOUDENS fils.
Philémon et Baucis.	Opéra.	2 act.	GOUNOD.	CHOUDENS fils.
Philtre (le).	Opéra.	2 act.	AUBER.	PH. MAQUET et Cᵉ.
Pianella.	Opérette.	1 act.	FLOTOW.	PH. MAQUET et Cᵉ.

Piccolino.	Op.-com.	3 act.	GUIRAUD.	DURAND et SCHŒNE-WERK.
Pierrette et Jacquot.	Opérette.	1 act.	OFFENBACH.	CHOUDENS fils.
Pierrot Fantôme.	Op-com.	1 act.	VERCKEN.	G. HARTMANN et C⁰.
Pie Voleuse (la).	Op.-com.	3 act.	ROSSINI.	H. LEMOINE et fils.
Plutus.	Op.-com.	3 act.	CH. LECOCQ.	PH. MAQUET et C⁰.
Polyeucte.	Opéra.	5 act.	GOUNOD.	H. LEMOINE et fils.
Pomme d'Api.	Op.-com.	1 act.	OFFENBACH.	CHOUDENS fils.
Pompon (le).	Opérette.	3 act.	CH. LECOCQ.	PH. MAQUET et C⁰.
Portrait (le).	Op.-com.	1 act.	DE LAJARTE.	H. LEMOINE et fils.
Postillon de Lonju-meau (le).	Op.-com.	3 act.	ADAM.	PH. MAQUET et C⁰.
Poupée de Nurem-berg (la).	Op.-com.	1 act.	ADAM.	PH. MAQUET et C⁰.
Pré aux Clercs (le).	Op.-com.	3 act.	HÉROLD.	L. GRUS.
Premières armes de Louis XIV (les).	Op.-com.	3 act.	BERNICAT et MES-SAGER.	ENOCH et COSTALLAT.
Prés St Gervais (les).	Op.-com.	3 act.	CH. LECOCQ.	ENOCH et COSTALLAT.
Princesse (la).	Opérette.	1 act.	SERPETTE.	G. HARTMANN et C⁰.
Princesse Colombi-ne (la).	Op.-com.	3 act.	PLANQUETTE.	CHOUDENS fils.
Princesse des Cana-ries (la).	Op.-com.	3 act.	CH. LECOCQ.	CHOUDENS fils.
Princesse Jaune (la).	Op.com.	1 act.	SAINT-SAËNS.	DURAND et SCHŒNE-WERK.
Princesse de Trébi-zonde (la).	Opérette.	3 act.	OFFENBACH.	PH. MAQUET et C⁰.
Prise de Troie (la).	Opéra.	3 act.	BERLIOZ.	CHOUDENS fils.
Prophète.	Opéra.	5 act.	MEYERBEER.	PH. MAQUET et C⁰.
Psyché.	Opéra.	4 act.	AMB. THOMAS.	H. HEUGEL.
Puits qui parle (le).	Op.-com.	3 act.	AUDRAN.	CHOUDENS fils.
Quatre fils Aymon (les).	Op.-com.	3 act.	BALFE.	H. LEMOINE et fils.
Quenouille de verre (la).	Op. bouffe.	3 act.	CH. GRISAR.	H. HEUGEL.
Quentin Durward.	Op.-com.	3 act.	GEVAERT.	L. GRUS.
Reine Berthe (la).	Opéra.	2 act.	JONCIÈRES.	L. GRUS.
Reine de Chypre (la).	Opéra.	5 act.	HALÉVY.	H. LEMOINE et fils.
Reine de Saba (la).	Opéra.	5 act.	GOUNOD.	CHOUDENS fils.
Reine des Halles (la).	Op.com.	3 act.	VARNEY.	CHOUDENS fils.
Reine Indigo (la).	Op. bouffe.	3 act.	J. STRAUSS.	H. HEUGEL.
Reine Topaze (La).	Op.-com.	3 act.	MASSÉ.	H. LEMOINE et fils.

Titre	Genre	Actes	Compositeur	Éditeur
Retour d'Ulysse (le).	Op.-bouffe.	3 act.	R. Pugno.	H. Heugel.
Rigoletto.	Opéra.	4 act.	Verdi.	L. Grus.
Rip-Rip.	Op.-com.	3 act.	Planquette.	Choudens fils.
Rita.	Op.-com.	3 act.	Donizetti.	H. Lemoine et fils.
Robert-Bruce.	Opéra.	3 act.	Rossini.	Ph. Maquet et C⁰.
Robert-le-Diable.	Opéra.	5 act.	Meyerbeer.	Ph. Maquet et C⁰.
Robinson Crusoé.	Op.com.	3 act.	Offenbach.	Ph. Maquet et C⁰.
Roi boit (le).	Opérette.	1 act.	Jonas.	Ph. Maquet et C⁰.
Roi Carotte (le).	Op.-féerie.	4 act.	Offenbach.	Choudens fils.
Roi de Carreau (le).	Opérette.	3 act.	de Lajarte.	Ph. Maquet et C⁰.
Roi de Lahore (le).	Opéra.	5 act.	Massenet.	G. Hartmann et C⁰.
Roi d'Yvetot (le).	Op.-bouffe.	3 act.	Vasseur.	Choudens fils.
Roi l'a dit (le).	Op.-com.	3 act.	L. Delibes.	H. Heugel.
Roi malgré lui (le).	Op.-com.	3 act.	Em. Chabrier.	Enoch et Costallat.
Roland à Ronceveaux.	Opéra.	4 act.	Mermet.	Choudens fils.
Roman d'Elvire (le).	Op.-com.	3 act.	A. Thomas.	Ph. Maquet et C⁰.
Romance de la Rose (la).	Opérette.	1 act.	Offenbach.	Ph. Maquet et C⁰.
Roméo et Juliette.	Opéra.	5 act.	Gounod.	Choudens fils.
Rose de Saint-Flour (la).	Opérette.	1 act.	Offenbach.	Ph. Maquet et C⁰.
Sabots de la marquise (les).	Op.-com.	1 act.	E. Boulanger.	L. Grus.
Saint-Mégrin.	Opéra.	4 act.	Hillemacher.	A. Leduc.
Saisons (les).	Op.com.	4 act.	V. Massé.	L. Grus.
Sapho.	Opéra.	3 act.	Gounod.	Choudens fils.
Saturnales (les).	Op.-bouffe.	3 act.	P. Lacome.	Enoch et Costallat.
Secret de l'oncle Vincent (le).	Opérette.	2 act.	de Lajarte.	Choudens fils.
Serment (le).	Opéra.	3 act.	Auber.	Ph. Maquet et C⁰.
Serment d'amour (le).	Op.-com.	3 act.	Audran.	Choudens fils.
Servante de Ramponneau (la).	Op.-com.	2 act.	M. Carman.	A. Leduc.
Siège de Corinthe (le).	Opéra.	3 act.	Rossini.	Ph. Maquet et C⁰.
Sigurd.	Opéra.	4 act.	Reyer.	G. Hartmann et C⁰.
Si j'étais roi.	Op.-com.	3 act.	Adam.	A. Leduc.
Singe d'une nuit d'été (le).	Opérette.	1 act.	Serpette.	Ph. Maquet et C⁰.
Sirène (la).	Op.-com.	3 act.	Auber.	Ph. Maquet et C⁰.
Songe d'une nuit d'été (le).	Op.-com.	3 act.	Amb. Thomas.	H. Heugel.

Sosie (le).	Op.-bouffe.	3 act.	R. Pugno.	H. Heugel.
Statue (la).	Opéra.	3 act.	Reyer.	Choudens fils.
Stradella.	Opéra.	3 act.	Flotow.	Ph. Maquet et Cᵉ.
Sultan de Mizapouf (le).	Opérette.	1 act.	L. de Rillé.	Choudens fils.
Surprise de l'Amour (la).	Op.-com.	2 act.	Poise.	Durand et Schœnewerk.
Suzanne.	Op.-com.	3 act.	Paladilhe.	G. Hartmann et Cᵉ.
Suzanne au bain.	Opérette.	1 act.	G. Lafargue.	H. Heugel.
Sylvie.	Op.-com.	1 act.	Guiraud.	H. Lemoine et fils.
Tabarin.	Opéra.	2 act.	E. Pessard.	A. Leduc.
Tabarin.	Op.-com.	2 act.	Bousquet.	L. Grus.
Taverne des Trabans (la).	Op.-com.	3 act.	Maréchal.	Choudens fils.
Tempesta (la).	Opéra.	3 act.	Halévy.	H. Lemoine et fils.
Templiers (les).	Opéra.	5 act.	H. Litolff.	Enoch et Costallat.
Testament de M. de Crac (le).	Opérette.	1 act.	Ch. Lecocq.	Ph. Maquet et Cᵉ.
Tige de Lotus.	Opérette.	1 act.	Serpette.	Ph. Maquet et Cᵉ.
Timbale d'argent (la).	Op.-bouffe.	3 act.	Vasseur.	Choudens fils.
Timbre d'argent (le).	Opéra.	4 act.	Saint-Saëns.	Choudens fils.
Toréador (le).	Op.-com.	2 act.	Adam.	Ph. Maquet et Cᵉ.
Tour du monde (le).	Drame.	5 act.	Debillemont.	L. Grus.
Traviata (la).	Opéra.	5 act.	Verdi.	G. Ricordi et Cᵉ.
Tribut de Zamora (le).	Opéra.	4 act.	Gounod.	Choudens fils.
Trois Dragons (les).	Op.-bouffe.	1 act.	A. Pilati.	A. Leduc.
Trois Margot (les).	Op.-bouffe.	3 act.	Grisar.	Choudens fils.
Tromb-al-Cazar.	Opérette.	1 act.	Offenbach.	Ph. Maquet et Cᵉ.
Trompette de M. le Prince.	Op.-com.	1 act.	Bazin.	Ph. Maquet et Cᵉ.
Troubadours (les).	Opérette.	1 act.	Nargeot.	Choudens fils.
Trouvère (le).	Opéra.	5 act.	Verdi.	G. Ricordi et Cᵉ.
Troyens à Carthage (les).	Opéra.	5 act.	Berlioz.	Choudens fils.
Turcs (les).	Op.-bouffe.	3 act.	Hervé.	H. Heugel.
Tzigane (la).	Op.-com.	3 act.	J. Strauss.	H. Heugel.
Ulysse.	Tragédie.	5 act.	Gounod.	Choudens fils.
Val d'Andore (le).	Op.-com.	3 act.	Halévy.	H. Lemoine et fils.
Valet de Cœur (le).	Op.-com.	3 act.	Pugno.	Choudens fils.
Veilleuse (la) ou les Nuits de Milady	Opérette.	1 act.	Loïsa Puget.	H. Heugel.

Velléda.	Opéra.	5 act.	Lesepveu.	H. Lemoine et fils.
Vent du soir.	Opérette.	1 act.	Offenbach.	Ph. Maquet et Cᵉ.
Vénus d'Arles (la).	Op.-com.	3 act.	Varney.	Choudens fils.
Veuve Grapin (la).	Op.-com.	1 act.	Flotow.	Ph. Maquet et Cᵉ.
Vie mondaine (la).	Opérette.	3 act.	Ch. Lecocq.	Ph. Maquet et Cᵉ.
Violoneux (le).	Opérette.	1 act.	Offenbach.	Ph. Maquet et Cᵉ.
Virtuoses du pavé (les).	Boufᵗⁱᵉ musˡᵉ.	1 act.	A. L'Eveillé.	A. Leduc.
Volière (la).	Op.-com.	3 act.	Ch. Lecocq.	Choudens fils.
Voyage dans la lune (le).	Opérette.	4 act.	Offenbach.	Choudens fils.
Voyage en Chine (le).	Op.-com.	3 act.	Bazin.	H. Lemoine et fils.
Zampa.	Op.-com.	3 act.	Hérold.	L. Grus.
Zanetta.	Op.-com.	3 act.	Auber.	Ph. Maquet et Cᵉ.
Zerbine.	Op.-bouffe.	1 act.	J. Bovery.	A. Leduc.
Zerline.	Opéra.	3 act.	Auber.	Ph. Maquet et Cᵉ.
Zilda.	Op.-com.	2 act.	Flotow.	Ph. Maquet et Cᵉ.

ADDITIONS :

ADDITIONS :

Imprimerie E. Buttner-Thierry, 34, rue Laffite, Paris.

*Liste des œuvres dont il y a lieu de surveiller les exécutions faites au moyen de matériels d'orchestre qui n'auraient pas été **loués** ou **achetés** régulièrement à l'Éditeur-Propriétaire.*

Aben-Hamet.	Opéra	4 act.	Th. Dubois.	H. Heugel.
Adam et Ève.	Opte fante.	3 act.	G. Serpette.	H. Heugel.
A Deux de jeu.	Opérette.	1 act.	Vandenesse.	Choudens fils.
Africaine (l').	Opéra.	5 act.	Meyerbeer.	Ph. Maquet et Cie.
Aïda.	Opéra.	4 act.	Verdi.	A. Leduc.
Ali-Baba.	Op.-com.	3 act.	Ch. Lecocq.	Choudens fils.
Ali-pot d'Rhum.	Opérette.	1 act.	Bernicat.	Choudens fils.
Amour africain (l')	Op.-com.	2 act.	Paladilhe.	G. Hartmann et Cie.
Amour et son hôte(l').	Op.-com.	1 act.	Ed. de Hartog.	H. Heugel.
Amour médecin (l').	Op.-com.	3 act.	Poise.	Durand et Schœnewerk.
Amour mouillé (l').	Op.-com.	3 act.	Varney.	Choudens fils.
Amoureux de Catherine (les).	Op.-com.	1 act.	H. Maréchal.	L. Grus.
Amphytrion.	Opérette.	1 act.	P. Lacome.	Enoch et Costallat.
Arlésienne (l').	Drame.	4 act.	Bizet.	Choudens fils.
Attendez - moi sous l'orme.	Op.-com.	1 act.	V. d'Indy.	Enoch et Costallat.
Aventure d'Arlequin (une).	Op.-com.	1 act.	P. Hillemacher.	A Leduc.
Babolin.	Op.-com.	3 act.	Varney.	Choudens fils.
Bagatelle.	Op.-com.	1 act.	Offenbach.	Choudens fils.
Baiser pour lot (un).	Opérette.	1 act.	G. Douay.	A. Leduc.
Barbier de Trouville (le).	Opérette.	1 act.	Ch. Lecocq.	Ph. Maquet et Cie.
Bathyle.	Op.-com.	1 act.	Chaumet.	Choudens fils.
Béarnaise (la).	Op.-com.	3 act.	A. Messager.	Enoch et Costallat.
Béatrice et Bénédict.	Opéra.	2 act.	Berlioz.	Ph. Maquet et Cie.
Beau Nicolas (le).	Op.-com.	3 act.	P. Lacome.	Enoch et Costallat.
Belle Bourbonnaise (la).	Op.-com.	3 act.	A. Cœdès.	A. Leduc.
Belle Lurette.	Op.-com.	3 act.	Offenbach.	Choudens fils.
Benvenuto Cellini.	Opéra.	3 act.	Berlioz.	Choudens fils.

Bianca Capello.	Opéra.	5 act.	H. SALOMON.	A. LEDUC.
Bijoux de Jeannette (les).	Opérette.	1 act.	A. GODARD.	CHOUDENS fils.
Billet de logement (le).	Op.-com.	3 act.	VASSEUR.	CHOUDENS fils.
Blanchisseuse (la).	Opérette.	3 act.	VASSEUR.	CHOUDENS fils.
Bois (le).	Op.-com.	1 act.	ALB. CAHEN.	G. HARTMANN et Cⁱᵉ.
Boîte au lait (la).	Opérette.	4 act.	OFFENBACH.	CHOUDENS fils.
Boulangère a des écus (la).	Op.-bouffe.	3 act.	OFFENBACH.	CHOUDENS fils.
Bouquet de violettes (le).	Opérette.	1 act.	MARTINET.	CHOUDENS fils.
Bourgeois de Calais (le).	Op.-com.	3 act.	A. MESSAGER.	ENOCH et COSTALLAT.
Braconniers (les).	Op.-bouffe.	3 act.	OFFENBACH.	CHOUDENS fils.
Bravo (le).	Opéra.	3 act.	SALVAYRE.	H. LEMOINE et fils.
Brigands (les).	Opéra.	4 act.	VERDI.	CHOUDENS fils.
Camargo (la).	Opérette.	3 act.	CH. LECOCQ.	PH. MAQUET et Cⁱᵉ.
Capitaine Fracasse (le).	Op.-com.	3 act.	E. PESSARD.	A. LEDUC.
Capitaine Henriot (le).	Op.-com.	3 act.	GEVAERT.	L. GRUS.
Carmen.	Op.-com.	4 act.	BIZET.	CHOUDENS fils.
Castor et Pollux.	Bouffonⁿᵉ.	1 act.	E. PESSARD.	A. LEDUC.
Cent Vierges (les).	Opérette.	3 act.	CH. LECOCQ.	PH. MAQUET et Cⁱᵉ.
Char (le).	Op.-com.	1 act.	E. PESSARD.	A. LEDUC.
Charbonniers (les).	Opérette.	1 act.	J. COSTÉ.	H. HEUGEL.
Chercheuse d'esprit (la).	Op.-com.	1 act.	AUDRAN.	CHOUDENS fils.
Chevalier Jean (le).	Opéra.	4 act.	JONCIÈRES.	L. GRUS.
Chevalier Mignon (le).	Op.-com.	3 act.	WENZEL.	CHOUDENS fils.
Chevalier Timide (le).	Op.-com.	1 act.	ED. MISSA.	A. LEDUC.
Cid (le).	Opéra.	4 act.	MASSENET.	G. HARTMANN et Cⁱᵉ.
Cigale et la Fourmi (la).	Op.-com.	3 act.	AUDRAN.	CHOUDENS fils.
Cigale Madrilène (la).	Op.-com.	2 act.	PERRONNET.	H. LEMOINE et fils.
Cinq-Mars.	Opéra.	4 act.	GOUNOD.	L. GRUS.
Cœur et la main (le).	Opérette.	3 act.	CH. LECOCQ.	PH. MAQUET et Cⁱᵉ.
Colombe (la).	Op.-com.	2 act.	GOUNOD.	CHOUDENS fils.
Confession de Roselle (la).	Opérette.	1 act.	PLANQUETTE.	H. HEUGEL.
Contes d'Hoffmann.	Op.-com.	4 act.	OFFENBACH.	CHOUDENS fils.
Coquelicot.	Op.-com.	3 act.	VARNEY.	CHOUDENS fils.

Cosaque (la).	Com.-op^te	3 act.	HERVÉ.	CHOUDENS fils.
Coupe du Roi de Thulé (la).	Opéra.	3 act.	E. DIAZ.	L. GRUS.
Créole (la).	Op.-com.	3 act.	OFFENBACH.	CHOUDENS fils.
Croix de l'Alcade (la).	Op.-com.	3 act.	PERRY.	CHOUDENS fils.
Cruche cassée (la).	Op.-com.	1 act.	E. PESSARD.	A. LEDUC.
Dame de Monsoreau (la).	Opéra.	5 act.	SALVAYRE.	CHOUDENS fils.
Délégués (les).	Vaud^te-op^te	3 act.	A. BANÈS.	ENOCH et COSTALLAT.
Dernier jour de Pompeï (le).	Opéra.	4 act.	JONCIÈRES.	CHOUDENS fils.
Deux billets (les).	Op.-com.	1 act.	F. POISE.	H. HEUGEL.
Deux coups de marteau.	Opérette.	1 act.	BERNICAT.	CHOUDENS fils.
Deux cousines (les).	Opérette.	1 act.	H. VANGAEL.	A. LEDUC.
Deux Foscari (les).	Opéra.	4 act.	VERDI.	CHOUDENS fils.
Deux Reines (les).	Drame.	5 act.	GOUNOD.	CHOUDENS fils.
Devinette (une).	Opérette.	1 act.	A. PILATI.	A. LEDUC.
Diana.	Op.-com.	3 act.	PALADILHE.	CHOUDENS fils.
Dimitri.	Opéra.	4 act.	JONCIÈRES.	L. GRUS.
Dix jours aux Pyrénées.	Opérette.	3 act.	VARNEY.	CHOUDENS fils.
Djamileh.	Op.-com.	1 act.	BIZET.	CHOUDENS fils.
Docteur Frontin (le).	Opérette.	1 act.	NARGEOT.	CHOUDENS fils.
Docteur Miracle (le).	Op.-com.	1 act.	CH. LECOCQ.	PH. MAQUET et Ce.
Docteur Ox (le).	Op.-bouffe.	3 act.	OFFENBACH.	CHOUDENS fils.
Don César de Bazan.	Op.-com.	4 act.	MASSENET.	G. HARTMANN et Ce.
Don Quichotte.	Op.-bouffe.	1 act.	E. PESSARD.	A. LEDUC.
Dormeuse (la) éveillée.	Op.-com.	3 act.	AUDRAN.	CHOUDENS fils.
Dot mal placée (la).	Op.-bouffe.	3 act.	P. LACOME.	ENOCH et COSTALLAT.
Double épreuve (la).	Opérette.	1 act.	VERCKEN.	CHOUDENS fils.
Dragées de Suzette (les).	Op.-com.	1 act.	SALOMON.	CHOUDENS fils.
Dragon de la Reine.	Op.-com.	3 act.	WENZEL.	CHOUDENS fils.
Drapier dans de mauvais draps (un).	Opérette.	1 act.	VANDENESSE.	CHOUDENS fils.
Droit du Seigneur (le).	Op.-com.	3 act.	VASSEUR.	CHOUDENS fils.
Duel de Benjamin (le).	Opérette.	1 act.	JONAS.	CHOUDENS fils.

Écossais de Cha-tou (l').	Opérette.	1 act.	L. DELIBES.	PH. MAQUET et Cⁱᵉ.
Éducation man-quée (une).	Opérette.	1 act.	EM. CHABRIER.	ENOCH et COSTALLAT.
Érinnyes (les).	Tragédie.	2 act.	MASSENET.	G. HARTMANN et Cⁱᵉ.
Érostrate.	Opéra.	2 act.	REYER.	CHOUDENS fils.
Esclarmonde.	Opéra.	4 act.	MASSENET.	G. HARTMANN et Cⁱᵉ.
Étienne Marcel.	Opéra.	4 act.	SAINT-SAËNS.	DURAND et SCHŒNE-WERK.
Étoile (l')	Op.-bouffe.	3 act.	EM. CHABRIER.	ENOCH et COSTALLAT.
Famille Trouillat (la).	Opérette.	3 act.	VASSEUR.	CHOUDENS fils.
Fanfan-la-Tulipe.	Op.-com.	3 act.	VARNEY.	CHOUDENS fils.
Fanfreluche.	Op. com.	3 act.	SERPETTE.	CHOUDENS fils.
Faust.	Opéra.	5 act.	GOUNOD.	CHOUDENS fils.
Faurelle du Tem-ple (la).	Op.-com.	3 act.	A. MESSAGER.	ENOCH et COSTALLAT.
Femme à papa (la).	Com.-opⁱᵉ	3 act.	HERVÉ.	CHOUDENS fils.
Fiancée d'Abydos (la).	Opéra.	3 act.	BARTHE.	CHOUDENS fils.
Fiancée de Corin-the (la).	Opéra.	1 act.	J. DUPRATO.	H. HEUGEL.
Fiancée des Verts Poteaux (la).	Opérette.	3 act.	AUDRAN.	CHOUDENS fils.
Fille de Madame Angot (la).	Opérette.	3 act.	CH. LECOCQ.	PH. MAQUET ET Cⁱᵉ.
Fille du Tambour Major (la).	Op.-com.	3 act.	OFFENBACH.	CHOUDENS fils.
Filleule du roi (la).	Op.-com.	3 act.	VOGEL.	ENOCH et COSTALLAT.
Fior d'Aliza.	Opéra.	4 act.	MASSÉ.	CHOUDENS fils.
Fleur de Thé.	Opérette.	3 act.	CH. LECOCQ.	PH. MAQUET et Cⁱᵉ.
Florentin (le).	Opéra.	3 act.	LENEPVEU.	H. LEMOINE et fils.
Foire de Saint-Laurent (la).	Op.-bouffe.	3 act.	OFFENBACH.	CHOUDENS fils.
Force du Destin (la).	Opéra.	4 act.	VERDI.	CHOUDENS fils.
Françoise de Rimini.	Opéra.	4 act.	AMB. THOMAS.	H. HEUGEL.
Fusilier dans l'em-barras (un).	Op.-bouffe.	1 act.	L. FOSSEY.	A. LEDUC.
Gamine de Paris (la).	Op.-com.	3 act.	SERPETTE.	CHOUDENS fils.
Gandolfo.	Opérette.	1 act.	CH. LECOCQ.	PH. MAQUET et Cⁱᵉ.
Gardeuse d'oies (la).	Opérette.	3 act.	LACOME.	CHOUDENS fils.
Geneviève de Brabant.	Op.-bouffe.	3 act.	OFFENBACH.	H. HEUGEL.
Gil Blas.	Op.-com.	3 act.	SEMET.	CHOUDENS fils.

Gilles de Bretagne.	Opéra.	4 act.	H. KOWALSKI.	A. LEDUC.
Gillette de Narbonne.	Op.-com.	3 act.	AUDRAN.	CHOUDENS fils.
Giroflé-Girofla.	Opérette.	3 act.	CH. LECOCQ.	PH. MAQUET et C°.
Girouette (la).	Op.-com.	3 act.	CŒDÈS.	CHOUDENS fils.
Grand-Casimir (le).	Opérette.	3 act.	CH. LECOCQ.	PH. MAQUET et C°.
Grande-Duchesse de Gérolstein (la).	Opérette.	3 act.	OFFENBACH.	PH. MAQUET et C°.
Grand-Mogol (le).	Op.-com.	3 act.	AUDRAN.	CHOUDENS fils.
Graziella.	Opéra.	2 act.	A°° de CHOUDENS.	CHOUDENS fils.
Grelot (le).	Opérette.	1 act.	VASSEUR.	CHOUDENS fils.
Gwendoline.	Opéra.	2 act.	EM. CHABRIER.	ENOCH et COSTALLAT.
Hamlet.	Opéra.	5 act.	AMB. THOMAS.	H. HEUGEL.
Henri VIII.	Opéra.	4 act.	SAINT-SAËNS.	DURAND et SCHŒS WERK.
Héraclite et Démocrite.	Opérette.	1 act.	DOUAY.	CHOUDENS fils.
Héritage du Postillon. (l')	Opérette.	1 act.	A. L'EVEILLÉ.	A. LEDUC.
Hérodiade.	Opéra.	4 act.	MASSENET.	G. HARTMANN et C°.
Horreurs de la Guerre (les).	Opérette.	2 act.	COSTÉ.	PH. MAQUET et C°.
Janot.	Opérette.	3 act.	CH. LECOCQ.	PH. MAQUET et C°.
Jean de Nivelles.	Opéra.	3 act.	LÉO DELIBES.	H. HEUGEL.
Jean le sot.	Opérette.	1 act.	A. PILATI.	A. LEDUC.
Jeanne d'Arc.	Tragédie.	5 act.	GOUNOD.	CHOUDENS fils.
Jeanne d'Arc.	Opéra.	3 act.	VERDI.	CHOUDENS fils.
Jeanne, Jeannette et Jeanneton	Op.-com.	3 act.	P. LACOME.	ENOCH et COSTALLAT.
Jérusalem.	Opéra.	4 act.	VERDI.	G. HARTMANN et C°.
Je veux mon peignoir.	Opérette.	1 act.	P. LACOME.	ENOCH et COSTALLAT.
Jocelyn.	Opéra.	4 act.	GODARD.	CHOUDENS fils.
Jolie Fille de Perth (la).	Opéra.	4 act.	BIZET.	CHOUDENS fils.
Jolie Parfumeuse (la).	Op.-com.	3 act.	OFFENBACH.	CHOUDENS fils.
Jolie Persane (la).	Opérette.	3 act.	CH. LECOCQ.	PH. MAQUET et C°.
Joli Gille.	Op.-com.	2 act.	F. POISE.	A. LEDUC.
Joséphine vendue par ses sœurs.	Opérette.	3 act.	V. ROGER.	CHOUDENS fils.
Jour et la Nuit (le).	Opérette.	3 act.	CH. LECOCQ.	PH. MAQUET et C°.
Juge et Partie.	Op.-com.	2 act.	ED. MISSA.	A. LEDUC.

Jumeaux de Bergame (les).	Opérette.	1 act.	Ch. Lecocq.	Ph. Maquet et Cⁱᵉ.
Kosiki.	Opérette.	3 act.	Ch. Lecocq.	Ph. Maquet et Cⁱᵉ.
Lakmé.	Opéra.	3 act.	Léo Delibes.	H. Heugel.
Lili.	Opérette.	3 act.	Hervé.	Choudens fils.
Louise Miller.	Opéra.	4 act.	Verdi.	Choudens fils.
Lycéenne (la).	Opérette.	3 act.	Serpette.	Choudens fils.
Lydia ou les fiancés de Novgorod.	Op.-com.	1 act.	Ed. Missa.	A. Leduc.
Macbeth.	Opéra.	4 act.	Verdi.	Choudens fils.
Madame Boniface.	Op.-com.	3 act.	P. Lacome.	Enoch et Costallat.
Madame Cartouche.	Op.-com.	3 act.	Léon Vasseur.	Enoch et Costallat.
Madame Favart.	Op.-Com.	3 act.	Offenbach.	Choudens fils.
Madame l'Archiduc.	Op.-bouffe.	3 act.	Offenbach.	Choudens fils.
Madame le Diable.	Opᵗᵉ féerie.	3 act.	Serpette.	Enoch et Costallat.
Mademoiselle Sylvia.	Op.-com.	1 act.	S. David.	A. Leduc.
Maître Ambros.	Drᵐᵉ Lyrᵠᵘᵉ	4 act.	Ch. M. Widor.	H. Heugel.
Maître Peronilla.	Op.-bouffe.	3 act.	Offenbach.	Choudens fils.
Maître Wolfram.	Op.-Com.	1 act.	Reyer.	Choudens fils.
Mam'zelle Gavroche.	Opérette.	3 act.	Hervé.	H. Heugel.
Mam'zelle Nitouche.	Opérette.	3 act.	Hervé.	H. Heugel.
Manoir de Pictordu (le).	Opérette.	3 act.	Serpette.	Choudens fils.
Manon.	Op.-com.	5 act.	Massenet.	G. Hartmann et Cⁱᵉ.
Mariage au tambour (le).	Op.-com.	3 act.	Léon Vasseur.	Enoch et Costallat.
Mariage avant la lettre (le).	Op.-com.	3 act.	Métra.	Choudens fils.
Mariage (un) d'autrefois.	Op.-com.	1 act.	G. Douay.	A. Leduc.
Marie de Rohan.	Opéra.	3 act.	Donizetti.	Choudens fils.
Marjolaine (la).	Opérette.	3 act.	Ch. Lecocq.	Ph. Maquet et Cⁱᵉ.
Marquisedesrues(la).	Op.-com.	3 act.	Hervé.	Choudens fils.
Mascotte (la).	Op.-com.	3 act.	Audran.	Choudens fils.
Mère des Compagnons (la).	Op.-com.	3 act.	Hervé.	Choudens fils.
Mignon.	Op.-com.	3 act.	Amb. Thomas.	H. Heugel.
Mina.	Op.-com.	3 act.	Amb. Thomas.	A. Leduc.
Minette et Matou.	Opérette.	1 act.	Villebichot.	Choudens fils.
Mireille.	Opéra.	3 act.	Gounod.	Choudens fils.

Monsieur bien servi (un).	Opérette	1 act.	NARGEOT.	CHOUDENS fils.
Moucheron.	Opérette.	1 act.	OFFENBACH.	CHOUDENS fils.
Moulin du Vert-Galant (le).	Op.-com.	3 act.	SERPETTE.	CHOUDENS fils.
Mousquetaires au couvent (les).	Op.-com.	3 act.	VARNEY.	CHOUDENS fils.
Mouton enragé (le).	Opérette.	1 act.	P. LACOME.	ENOCH et COSTALLAT.
Myosotis (le).	Opérette.	1 act.	CH. LECOCQ.	PH. MAQUET et Cᵉ.
Myrtille.	Op.-com.	3 act.	P. LACOME.	ENOCH et COSTALLAT.
Mystère (le).	Opérette.	1 act.	VERCKEN.	CHOUDENS fils.
Néron.	Opéra	4 act.	A. RUBINSTEIN.	H. HEUGEL.
Ninetta.	Op.-com.	3 act.	R. PUGNO.	H. HEUGEL.
Ninon.	Op.-com.	3 act.	VASSEUR.	CHOUDENS fils.
Noces d'Olivette (les).	Op.-com.	3 act.	AUDRAN.	CHOUDENS fils.
Noé.	Opéra.	3 act.	HALÉVY et BIZET.	CHOUDENS fils.
Nonne Sanglante (la).	Drame.	5 act.	GOUNOD.	CHOUDENS fils.
Nuit de Cléopâtre (une)	Opéra.	3 act.	V. MASSÉ.	L. GRUS.
Nuit de Sᵗ Jean (la).	Op.-com.	1 act.	P. LACOME.	ENOCH ET COSTALLAT.
Oiseau Bleu (l').	Op.-com.	3 act.	LACOME.	CHOUDENS fils.
Ombre (l').	Op.-com.	3 act.	FLOTOW.	PH. MAQUET et Cⁱ.
Omelette à la Follembuche (l').	Opérette.	1 act.	DELIBES.	CHOUDENS fils.
On demande une femme de chambre.	Opérette.	1 act.	R. PLANQUETTE.	H. HEUGEL.
Ondines au Champagne.	Opérette.	1 act.	CH. LECOCQ.	PH. MAQUET et Cᵉ.
Ordonnance du commandant (l').	Opérette.	1 act.	HUBANS.	CHOUDENS fils.
Orphée aux enfers.	Op.-bouffe.	2 act.	J. OFFENBACH.	H. HEUGEL.
Oscarine.	Opérette.	3 act.	V. ROGER.	CHOUDENS fils.
Pâques fleuries.	Op.-com.	3 act.	P. LACOME.	ENOCH et COSTALLAT.
Passant (le).	Op.-com.	1 act.	PALADILHE.	G. HARTMANN et Cⁱ.
Patrie.	Opéra.	4 act.	PALADILHE.	CHOUDENS fils.
Pattes Blanches (les).	Opérette.	1 act.	L. DE RILLÉ.	CHOUDENS fils.
Pécheurs de Perles (les).	Opéra.	3 act.	BIZET.	CHOUDENS fils.
Pénitente (la).	Op.-com.	1 act.	Mᵐᵉ DE GRANDVAL.	A. LEDUC.
Périchole (la).	Opérette.	3 act.	OFFENBACH.	PH. MAQUET et Cⁱ.
Permission de dix heures (la).	Op.-com.	1 act.	OFFENBACH.	H. HEUGEL.

Petit Chaperon Rouge (le).	Op.-com.	3 act.	SERPETTE.	CHOUDENS fils.
Petit Duc (le).	Opérette.	3 act.	CH. LECOCQ.	PH. MAQUET et Cᵉ.
Petite Fadette (la).	Op.-com.	3 act.	SEMET.	PH. MAQUET et Cᵉ.
Petite Fronde (la).	Op.-com.	3 act.	AUDRAN.	CHOUDENS fils.
Petite Mademoiselle (la).	Opérette.	3 act.	CH. LECOCQ.	PH. MAQUET et Cᵉ.
Petite Mariée (la).	Opérette.	3 act.	CH. LECOCQ.	PH. MAQUET et Cᵉ.
Petit Faust (le).	Op.-bouffe.	3 act.	HERVÉ.	H. HEUGEL.
Petite Reine (la).	Op.-com.	3 act.	VASSEUR.	CHOUDENS fils.
Petits Mousquetaires (les).	Op.-com.	3 act.	VARNEY.	CHOUDENS fils.
Philémon et Baucis.	Opéra.	2 act.	GOUNOD.	CHOUDENS fils.
Piccolino.	Op.-com.	3 act.	GUIRAUD.	DURAND et SCHŒNEWERK.
Pierrette et Jacquot.	Opérette.	1 act.	OFFENBACH.	CHOUDENS fils.
Pierrot-Fantôme.	Op-com.	1 act.	VERCKEN.	G. HARTMANN et Cᵉ.
Plutus.	Op.-com.	3 act.	CH. LECOCQ.	PH. MAQUET et Cᵉ.
Polyeucte.	Opéra.	5 act.	GOUNOD.	H. LEMOINE et fils.
Pomme d'Api.	Op.-com.	1 act.	OFFENBACH.	CHOUDENS fils.
Pompon (le).	Opérette.	3 act.	CH. LECOCQ.	PH. MAQUET et Cᵉ.
Portrait (le).	Op.-com.	1 act.	DE LAJARTE.	H. LEMOINE et fils.
Premières armes de Louis XIV (les).	Op.-com.	3 act.	BERNICAT et MESSAGER.	ENOCH et COSTALLAT.
Prés Sᵗ Gervais (les).	Op.-com.	3 act.	CH. LECOCQ.	ENOCH et COSTALLAT.
Princesse (la).	Opérette.	1 act.	SERPETTE.	G. HARTMANN et Cᵉ.
Princesse Colombine (la).	Op.-com.	3 act.	PLANQUETTE.	CHOUDENS fils.
Princesse des Canaries (la).	Op.-com.	3 act.	CH. LECOCQ.	CHOUDENS fils.
Princesse Jaune (la).	Op.com.	1 act.	SAINT-SAËNS.	DURAND et SCHŒNEWERK.
Princesse de Trébizonde (la).	Opérette.	3 act.	OFFENBACH.	PH. MAQUET et Cᵉ.
Prise de Troie (la).	Opéra.	3 act.	BERLIOZ.	CHOUDENS fils.
Psyché.	Opéra.	4 act.	AMB. THOMAS.	H. HEUGEL.
Puits qui parle (le).	Op.-com.	3 act.	AUDRAN.	CHOUDENS fils.
Quenouille de verre (la).	Op.-bouffe.	3 act.	CH. GRISAR.	H. HEUGEL.
Reine Berthe (la).	Opéra.	2 act.	JONCIÈRES.	L. GRUS.
Reine de Saba (la).	Opéra.	5 act.	GOUNOD.	CHOUDENS fils.

Reine des Halles (la).	Op.com.	3 act.	VARNEY.	CHOUDENS fils.
Reine Indigo (la).	Op.bouffe.	3 act.	J. STRAUSS.	H. HEUGEL.
Retour d'Ulysse (le).	Op.-bouffe.	3 act.	R. PUGNO.	H. HEUGEL.
Rip-Rip.	Op.-com.	3 act.	PLANQUETTE.	CHOUDENS fils.
Robinson Crusoé.	Op.com.	3 act.	OFFENBACH.	PH. MAQUET et Cᵉ.
Roi Carotte (le).	Op.-féérie.	4 act.	OFFENBACH.	CHOUDENS fils.
Roi de Carreau (le).	Opérette.	3 act.	DE LAJARTE.	PH. MAQUET et Cᵉ.
Roi de Lahore (le).	Opéra.	5 act.	MASSENET.	G. HARTMANN et Cᵉ.
Roi d'Yvetot (le).	Op.-bouffe.	3 act.	VASSEUR.	CHOUDENS fils.
Roi l'a dit (le).	Op.-com.	3 act.	L. DELIBES.	H. HEUGEL.
Roi malgré lui (le).	Op.-com.	3 act.	EM. CHABRIER.	ENOCH et COSTALLAT.
Roland à Ronceveaux.	Opéra.	4 act.	MERMET.	CHOUDENS fils.
Roméo et Juliette.	Opéra.	5 act.	GOUNOD.	CHOUDENS fils.
Saint-Mégrin.	Opéra.	4 act.	HILLEMACHER.	A. LEDUC.
Saisons (les).	Op.com.	4 act.	V. MASSÉ.	L. GRUS.
Sapho.	Opéra.	3 act.	GOUNOD.	CHOUDENS fils.
Saturnales (les).	Op.-bouffe.	3 act.	P. LACOME.	ENOCH et COSTALLAT.
Secret de l'oncle Vincent (le).	Opérette.	2 act.	DE LAJARTE.	CHOUDENS fils.
Serment d'amour (le).	Op.-com.	3 act.	AUDRAN.	CHOUDENS fils.
Servante de Ramponneau (la).	Op.-com.	2 act.	M. CARMAN.	A. LEDUC.
Sigurd.	Opéra.	4 act.	REYER.	G. HARTMANN et Cᵉ.
Singe d'une nuit d'été (le).	Opérette.	1 act.	SERPETTE.	PH. MAQUET et Cᵉ.
Sosie.	Op.-bouffe.	3 act.	R. PUGNO.	H. HEUGEL.
Statue (la).	Opéra.	3 act.	REYER.	CHOUDENS fils.
Sultan Mizapouf (le).	Opérette.	1 act.	L. DE RILLÉ.	CHOUDENS fils.
Surprise de l'Amour (la).	Op.-com.	2 act.	POISE.	DURAND et SCHŒNEWERK.
Suzanne.	Op.-com.	3 act.	PALADILHE.	G. HARTMANN et Cᵉ.
Suzanne au bain.	Opérette.	1 act.	G. LAFARGUE.	H. HEUGEL.
Sylvie.	Op.-com.	1 act.	GUIRAUD.	H. LEMOINE et fils.
Tabarin.	Opéra.	2 act.	E. PESSARD.	A. LEDUC.
Taverne des Trabans (la).	Op.-com.	3 act.	MARÉCHAL.	CHOUDENS fils.
Templiers (les).	Opéra.	5 act.	H. LITOLFF.	ENOCH et COSTALLAT.
Testament de M. de Crac (le).	Opérette.	1 act.	CH. LECOCQ.	PH. MAQUET et Cᵉ.

Tige de Lotus.	Opérette.	1 act.	SERPETTE.	PH. MAQUET et Ce.
Timbale d'argent (la).	Op.-bouffe.	3 act.	VASSEUR.	CHOUDENS fils.
Timbre d'argent (le).	Opéra.	4 act.	SAINT-SAËNS.	CHOUDENS fils.
Tour du monde (le).	Drame.	5 act.	DEBILLEMONT.	L. GRUS.
Traviata (la).	Opéra.	5 act.	VERDI.	G. RICORDI et Ce.
Tribut de Zamora (le).	Opéra.	4 act.	GOUNOD.	CHOUDENS fils.
Trois Dragons (les).	Op.-bouffe.	1 act.	A. PILATI.	A. LEDUC.
Trois Margot (les).	Op.-bouffe.	3 act.	GHISAR.	CHOUDENS fils.
Troubadours (les).	Opérette.	1 act.	NARGEOT.	CHOUDENS fils.
Trouvère (le).	Opéra.	5 act.	VERDI.	G. RICORDI et Ce.
Troyens à Carthage (les).	Opéra.	5 act.	BERLIOZ.	CHOUDENS fils.
Turcs (les).	Op.-bouffe.	3 act.	HERVÉ.	H. HEUGEL.
Tzigane (la).	Op.-com.	3 act.	J. STRAUSS.	H. HEUGEL.
Ulysse.	Tragédie.	5 act.	GOUNOD.	CHOUDENS fils.
Valet de Cœur (le).	Op.-com.	3 act.	PUGNO.	CHOUDENS fils.
Veilleuse (la) ou les Nuits de Milady	Opérette.	1 act.	LOÏSA PUGET.	H. HEUGEL.
Velléda.	Opéra.	5 act.	LENEPVEU.	H. LEMOINE et fils.
Vénus d'Arles (la).	Op.-com.	3 act.	VARNEY.	CHOUDENS fils.
Veuve Grapin (la).	Op.-com.	1 act.	FLOTOW.	PH. MAQUET et Ce.
Vie mondaine (la).	Opérette.	3 act.	CH. LECOCQ.	PH. MAQUET et Ce.
Volière (la).	Op.-com.	3 act.	CH. LECOCQ.	CHOUDENS fils.
Voyage dans la lune (le).	Opérette.	4 act.	OFFENBACH.	CHOUDENS fils.
Zerbine.	Op.-bouffe.	1 act.	J. BOVERY.	A. LEDUC.

ADDITIONS :

ADDITIONS :

Paris, le .... *18* ....

AVIS DES LOCATIONS

faites à une Direction fixe

--o--

Monsieur ....

à ....

....

Monsieur,

Je vous prie de vouloir bien noter que M. ...., Directeur du théâtre ...., en votre ville, a traité avec les éditeurs-propriétaires, pour la location des matériels d'orchestre des ouvrages dont je vous remets ci-contre la liste.

Veuillez bien également noter les dates d'échéance desdites locations, afin de pouvoir, lorsque le terme sera expiré, veiller à ce que les matériels dont il s'agit soient, sans aucun retard, retournés à leurs propriétaires.

En outre, si, pour une raison quelconque, l'exploitation n'était pas continuée, il y aurait lieu de retirer immédiatement les matériels et de me les expédier.

Toute représentation des ouvrages désignés ci-contre, donnée ultérieurement aux dates indiquées, devrait être considérée comme illicite et vous auriez à me la signaler de suite, par télégramme.

De même, si des ouvrages ne figurant pas dans le présent avis (et faisant partie des catalogues n°s 1 et 2 annexés aux Instructions spéciales), étaient annoncés, veuillez bien m'en aviser, d'urgence, par dépêche.

ANNEXE N° 3. — (Suite).

OUVRAGES	ÉDITEURS	NUMÉROS DES MATÉRIELS	DATES d'expiration des TRAITÉS	DÉTAIL DES PARTIES												
				CONDUCTEURS	1ers VIOLONS	2es VIOLONS	ALTOS	VIOLONCELLES et contre-basses	PARTIES d'harmonie cuivre-batterie	PARTIES sur le Théâtre	PARTITIONS chant et piano	PARTITIONS chant seul	CHŒURS (hommes)	CHŒURS (femmes)	MISE EN SCÈNE	DÉCORS et costumes
a	b	c	d	1	2	3	4	5	6	7	8	9	10	11	12	13

Paris, le _______________ *18* ...

MODÈLE D'AVIS DES LOCATIONS

faites à un

DIRECTEUR DE TOURNÉE

—o—

Monsieur _______________________

à ________________________________

____

Monsieur,

J'ai l'honneur de vous informer du prochain passage, dans votre ville, de la Tournée dirigée par M. _______________ .

Je vous prie de vouloir bien noter que M. _______________ *a traité avec les éditeurs-propriétaires pour la location des matériels d'orchestre des ouvrages dont je vous remets ci-contre la liste.*

Veuillez bien également noter les dates d'échéance desdites locations.

Toute représentation qui serait donnée ultérieurement aux dates fixées devrait être considérée comme illicite et vous auriez à me la signaler immédiatement, par dépêche.

Si le terme fixé venait à écheoir pendant le séjour dans votre ville de la Tournée dont M. _______________ *est le directeur, vous auriez à réclamer la restitution immédiate des matériels.*

Si des ouvrages ne figurant pas dans le présent avis (et faisant partie des catalogues n°ˢ 1 et 2 annexés aux instructions spéciales) étaient annoncés par la Tournée _______________ , *veuillez bien. sans aucun retard, m'en aviser par dépêche.*

ANNEXE N⁰ 4. — *(Suite)*.

Voir Annexe N° 3 (Suite).

ANNEXE N° 5.

Modèle de TRAITÉ DE VENTE

Entre les soussignés :

M. .... *Éditeur de Musique, demeurant à*
Paris, ...
propriétaire de la partition et des parties d'orchestre de l'opéra ayant pour titre :
.... *de* .... •
D'une part ;

Et M. .... , *Directeur-entrepreneur du*
Théâtre de .... *demeurant à* .... ,
agissant pour et au nom de l'Entreprise théâtrale connue sous le nom de
.... *et encore en son nom personnel et pour ses successeurs,*
D'autre part ;

A été fait et convenu ce qui suit :

M. .... *ès-noms, vend présentement*
à M. .... *audit nom, qui accepte, un exemplaire de la*
grande partition et des parties d'orchestre de l'opéra, portant le n° .... *de la*
.... *série des exemplaires imprimés, et de plus :*

....

....

Celte vente est faite sous les conditions suivantes et sous la foi de leur
exécution complète et rigoureuse, sans laquelle elle n'aurait pas été consentie.

1° L'exemplaire vendu est exclusivement destiné aux représentations de
l'opéra .... *sur le théâtre de* ....
où il devra être exécuté.

Il ne peut recevoir d'autre emploi et d'autre destination.

2° M. .... *se réserve le droit de vérifier quand bon*
lui semblera, l'existence de l'exemplaire vendu.

3° Si l'exploitation du théâtre dont s'agit cessait d'exister par une cause
quelconque et si le matériel devait être vendu amiablement ou publiquement, l'exem-
plaire précité devrait être excepté de la vente et restitué à M. ....
à sa première réquisition et sans indemnité de sa part.

4° Il est interdit au théâtre de .... , *au directeur actuel*
et à ses successeurs, de prêter ou communiquer l'exemplaire vendu, de le copier ou
de le laisser copier, en totalité ou en partie. Il leur est pareillement interdit de
vendre ou de céder ledit exemplaire soit en France, soit hors de France, le tout à

peine de   francs de dommages-intérêts pour l'une ou l'autre de ces contraventions.

5° La vente de l'exemplaire n°   pour en user comme il est dit ci-dessus
est faite et consentie moyennant le prix de
qui sera payé comptant à M.   par le preneur,
contre la remise de l'exemplaire.

Il est bien entendu que les droits dûs au compositeur et à l'auteur ou à leurs
représentants pour chaque représentation théâtrale conformément à la loi et à
l'usage, ne font point partie de la présente cession et leur sont entièrement
réservés.

Fait double à Paris, le

Modèle de TRAITÉ DE LOCATION

———

Entre les soussignés :

M.   _ *Éditeur de musique, demeurant à*
Paris, rue   , *propriétaire de   ouvrage ci-dessous*
désigné, d'une part ;
   Et M.   . *Directeur-Entrepreneur du Théâtre*
                                  , *demeurant à*
agissant tant en son nom personnel qu'au nom de l'entreprise théâtrale qu'il
dirige en ce moment,

                                        d'autre part ;

A été fait ce qui suit :
M.   . *loue présentement à* M
audit nom, qui accepte, le matériel d'exécution, détaillé d'autre part, de :
          . *Portant le numéro d'ordre .*

       ... » .... » ..... » ..
       ... » .... » ..... » ..
       ... » .... » ..... » ..

   Cette location est faite sous les conditions suivantes, et sous la foi de leur
exécution complète et rigoureuse, sans laquelle elle n'aurait pas été consentie :
   1° *Le matériel ci-dessus désigné   exclusivement destiné aux*
représentations de ouvrage sus-visé sur le théâtre
   En conséquence, M   . s'interdit de le prêter,
communiquer ou sous-louer, de le copier en totalité ou en partie ; il s'interdit
également de le vendre ou céder, soit en France, soit hors de France, le tout à
peine de   mille francs de dommages-intérêts pour l'une ou l'autre des
contraventions.
   2° *Le terme de la présente location est fixé au* ——————————————— ,
époque à laquelle les matériels ci-dessus désignés devront être renvoyés, en bon état
de conservation, franco et directement à M———————————————, *dans*
un délai de   .. jours, faute de quoi M ———————————————*s'oblige*
dès aujourd'hui à payer, à titre de clause pénale, la somme de ——— *francs*
pour chaque jour de retard, en sus du prix fixé pour la location.
   3° *La location des matériels ci-dessus, pour en user comme il en est dit*
plus haut, est faite et consentie moyennant le prix de ———————————
   . *qui sera payé à* M ——————————————— *comme suit :*

M.   s'engage à représenter, pendant la durée du
présent traité, les ouvrages loués par lui, sous peine de payer à M
          une idemnité de   francs par chaque ouvrage non représenté.
    4° Si, dans le cours de la présente location, M
renait à céder l'entreprise qu'il dirige, il devra imposer à ses successeurs toutes
les conditions ci-dessus énoncées, sans aucune exception ni réserve.
    5° Au cas ou, dans le cours de la présente location, M
viendrait à se retirer, et ou son exploitation ne serait pas continuée, il devra
retourner immédiatement, franco, les matériels sus-désignés à M.

    Au cas où, dans le cours de la présente location, M
viendrait à décéder, et où son exploitation ne serait pas continuée, ses héritiers
ou ayants droit devront retourner immédiatement, franco, les matériels sus-désignés à M.

**Il est bien entendu que les droits dûs aux compositeurs et aux
auteurs ou à leurs représentants pour chaque représentation théâtrale.
conformément à la loi et à l'usage, ne font point partie de la présente
location et leur sont entièrement réservés.**

Fait double, à Paris, le   *18*

ANNEXE N° 7. — **Modèle de cahier spécial d'enregistrement des locations.**

DATE de L'AVIS DE LOCATION	ÉDITEUR	OUVRAGE	NUMÉRO du MATÉRIEL	THÉATRE	NOM du DIRECTEUR	DATE de l'expiration du TRAITÉ DE LOCATION

MODÈLE DE LA RÉQUISITION

Je, soussigné,   demeurant à
                    rue   n°   , agissant
en vertu du pouvoir qui m'a été donné par M
Éditeur de musique, demeurant à Paris, rue   n°
requiers Monsieur le Commissaire de Police de
de m'assister, en vertu de l'article 3 de la loi des 19-24 Juillet 1793,
combiné avec l'article 1er de la loi du 25 Prairial an III, pour saisir,
aux risques et périls de mes mandants, les contrefaçons de leurs propriétés qui se trouvent entre les mains de M.
Directeur de Théâtre.

                                        le   18

                              (Signature)

ANNEXE N° 9.

MINISTÈRE
DE L'INTÉRIEUR

—

DIRECTION
de la Sûreté Générale
3me Bureau
Service de l'Imprimerie
et de la Librairie

—

Paris, le 4 Juin 1857.

Messieurs,

Par lettre du 24 Mai dernier, vous m'avez signalé les grandes difficultés que rencontreraient MM. les Éditeurs de Musique à faire saisir, dans les départements, les contrefaçons des œuvres qui sont leur propriété personnelle. Ces difficultés proviendraient, selon vous, de ce que les Commissaires de Police se refuseraient à instrumenter sur la demande directe des Éditeurs et exigeraient, au préalable, une réquisition en forme du Parquet.

Vous demandez, en conséquence, qu'il vous soit délivré personnellement une pièce officielle invitant les fonctionnaires dont il s'agit, à opérer, sur votre propre requête, et à vos risques et périls, la saisie des contrefaçons de vos propriétés musicales.

Je me hâte de reconnaître, Messieurs, que votre réclamation repose sur une base absolument légale. Les Commissaires de Police doivent, en effet, en vertu de l'article 3 de la loi des 19-24 Juillet 1793, combiné avec l'article 1er de la loi du 25 Prairial, an III, saisir les contrefaçons d'œuvres littéraires ou artistiques, toutes les fois que la demande leur en est faite par les ayants droit, et sans attendre une réquisition du Parquet, laquelle, en cette matière, ne leur est nullement nécessaire.

Vous n'aurez donc, le cas échéant, pour obtenir le concours des Commissaires de Police, qu'à rappeler à ces fonctionnaires les articles de loi visés ci-dessus et qu'à leur donner, au besoin, communication de la présente lettre. Si, néanmoins, un refus vous était opposé, il vous suffirait de m'en informer immédiatement, et j'aviserais aux moyens de le faire cesser.

Agréez, Messieurs, l'assurance de ma considération la plus distinguée.

Le Directeur de la Sûreté Générale,

Signé : **LEVAILLANT.**

Modèle du PROCÈS-VERBAL

L'an mil huit cent quatre-vingt ___ le ___ Nous, Commissaire de Police de la Ville de ___ , Officier de Police Judiciaire, Auxiliaire de Monsieur le Procureur de la République.

Vu l'article 3 de la loi des 19-24 Juillet 1793, combiné avec l'article 1er de la loi du 25 Prairial, an III; vu les articles 425 et suivants du Code pénal; vu la réquisition ci-jointe par laquelle M. ___ , Éditeur de Musique, à ___ propriétaire de diverses œuvres musicales, nous requiert de saisir au Théâtre de ___ des contrefaçons desdites œuvres, nous sommes transportés au Théâtre de ___ , et nous avons trouvé dans la bibliothèque : 1° ___ , opéra de ___ ; 2° ___ opéra de ___ .

Toutes ces parties d'orchestre sont des manuscrits et d'après le requérant, sont des contrefaçons de ses propriétés. Nous avons saisi le tout et avons composé un scellé qui a été muni d'une étiquette indicative et laissé à la garde de M ___ , qui le représentera à toute réquisition de Justice.

Vu ce qui précède; ensemble la loi des 19-24 Juillet 1793, combinée avec la loi du 25 Prairial, an III; vu les articles 425 et suivants du Code pénal; attendu que M ___ , directeur du Théâtre de ___ et y demeurant, est inculpé de contrefaçon et de délit de contrefaçon; avons à sa charge, dressé le présent, qui, avec la réquisition sus-mentionnée, sera transmis à Monsieur le Procureur de la République, aux fins de droit.

Le Commissaire de Police.

(Signature)

TRIBUNAL CORRECTIONNEL DE LA SEINE

(8ᵉ CHAMBRE)

Audience du 9 Juillet 1886

La question jugée par cet arrêt n'avait pas encore été résolue d'une manière aussi formelle par la jurisprudence et présentait à ce point de vue un intérêt particulier pour les auteurs et éditeurs de musique.

Il s'agissait de savoir si le directeur de théâtre, acheteur d'un conducteur c'est-à-dire de la partition imprimée et gravée, piano et chant, qui a fait copier les parties d'orchestre, a droit de faire commerce de ces dernières et de les louer au préjudice des droits de l'auteur et des éditeurs sans encourir les pénalités édictées par les articles 425 et 426 du Code Pénal.

Telle était la prétention du sieur B..., éditeur de musique, chez qui M. Rhodé-Staub, son confrère, cessionnaire de la partition des *Boussigneul*, de M. Okolowicz, avait fait saisir les parties d'orchestre manuscrites que B... tenait de M. L..., directeur du théâtre de Brest. Au moment de la saisie pratiquée chez lui le 29 janvier 1886, M. B... avait avoué avoir loué ces parties à C..., directeur du théâtre de Nice, mais il répondait pour se justifier que M. Édouard Philippe, un des auteurs des paroles des *Boussigneul* avait vendu 20 francs à M. L... le *conducteur*, corps certain, dont par conséquent il pouvait faire un libre usage.

Devant la 8ᵉ chambre, M. B..., excipa d'abord de différentes fins de non recevoir. Il soutenait en premier lieu que le dépôt régulier n'avait point été opéré.

M. Rhodé-Staub répondait que s'agissant de copies *manuscrites d'orchestre* le dépôt préalable ne pouvait être exigé et que d'ailleurs les morceaux détachés de l'œuvre avait été l'objet du dépôt ce qui suffisait au vœu de la loi.

Le 9 juillet 1886, le jugement suivant fut rendu :

Attendu que Rohdé se prétendant propriétaire de la musique d'un vaudeville intitulé : *Les Boussigneul*, a fait procéder dans les magasins de B... à la saisie d'une partition orchestrée de cette musique.

Qu'il demande contre B... l'application des peines relatives à la contrefaçon.

Que B... excipe contre cette demande du défaut de dépôt de l'œuvre contrefaite, dépôt ordonné par la loi du 19 juillet 1793 comme préalable nécessaire à toute poursuite en contrefaçon; qu'il conclut que, préalablement, toute discussion au fond de la demande de Rohdé, soit déclarée non recevable.

Attendu que Rohdé allègue que la partition orchestrée des *Boussigneul* n'a jamais été éditée; que les cinq morceaux de cette partition ont été imprimés et ont été déposés en 1880 par Delay, imprimeur, que ce dépôt a conservé son droit et lui permet d'en réclamer la conservation devant toutes les juridictions.

Attendu qu'il est de principe que la propriété littéraire est protégée par l'article 425 du Code Pénal, que la nécessité du dépôt préalable n'est imposée

comme condition de la validité des poursuites, que lorsque ce dépôt est matériel-
lement possible.

Que l'auteur d'un ouvrage manuscrit, que le créateur d'une œuvre
musicale non éditée ne sauraient être astreints à faire un dépôt impossible pour
être autorisés à se plaindre en justice d'une violation de leur droit de propriété.

Attendu d'autre côté que le propriétaire de la musique des *Boussigneul* a
déposé régulièrement tout ce qui a été édité de cette musique.

Que ce dépôt a sauvegardé son droit de propriété; qu'il peut en poursuivre
la revendication par voie d'action en contrefaçon.

Par ces motifs :

Ordonne qu'il sera plaidé au fond et à cet effet remet la cause.

Audience du 14 janvier 1887

Attendu que Rohdé, se disant propriétaire et éditeur de la musique des
Boussigneul, vaudeville en trois actes, musique composée par Okolowicz, a fait
le 29 janvier 1886, saisir dans les magasins de B..., une partition orchestre de
cette musique, écrite à la main :

Attendu que B... a déclaré qu'il tenait cette partition d'un sieur L...., directeur du théâtre à Brest, qui l'avait achetée lui-même d'un sieur Philippe, l'un des
trois auteurs des paroles des *Boussigneul*.

Attendu qu'il résulte des différents documents produits que L... a bien
acheté à Philippe une partition piano et chant dite « conducteur » de la musique
des *Boussigneul*; qu'il a fait orchestrer cette partition ; qu'il a cédé cette orchestration manuscrite à B...; que celui-ci a loué ladite orchestration à différents
directeurs de théâtre qui ont fait représenter la pièce des *Boussigneul*.

Attendu que Rohdé a assigné B..., comme ayant commis par ce fait une
contrefaçon délictueuse ;

Attendu que B... prétend en premier lieu que Rohdé ne justifie pas de son
droit de propriété ;

Mais attendu que cette propriété résulte : 1° d'un jugement rendu par le
Tribunal de commerce à la date du 17 novembre 1885 et condamnant la dame
Mauclair, dépositaire de la musique des *Boussigneul*, à restituer cette musique ;
2° de la déclaration d'Okolowicz, le compositeur entendu à l'audience du
13 décembre 1886 et qui a formellement déclaré que Rohdé était le seul propriétaire de la musique ;

Attendu que B... prétend en second lieu que, tenant de L... le manuscrit
ci-dessus, il a le droit de s'en servir et de le donner en location ;

Que l'exercice de ce droit a été connu d'Okolowicz et des autres propriétaires des *Boussigneul*, qui ont touché leurs droits d'auteurs sur les différentes
représentations de la pièce ;

Attendu que Rohdé ne relève aucune critique sur les représentations
en elles-mêmes, qu'il prétend seulement que la vente d'une partition au piano faite
à L... n'a pu donner à celui-ci le droit de mettre dans le commerce une traduction
pour orchestre de cette partition ;

Attendu en effet que le propriétaire d'une œuvre musicale conserve à
l'égard de la publication de cette œuvre, de sa représentation, de l'usage
commercial qui peut en être fait, tous les droits qu'il n'a pas formellement
aliénés ;

Qu'Okolowicz ou son mandataire, en vendant à L... la partition piano et
chant, dite conducteur, autorisait seulement la représentation sur le théâtre
de Brest, au moyen d'une orchestration spéciale réservée au théâtre ;

Qu'il n'est jamais entré dans la pensée d'Okolowick et de Philippe, son mandataire, d'autoriser L.... à louer cette orchestration à d'autres directeurs ou de se priver du bénéfice d'une orchestration qu'ils pourraient faire eux-mêmes de l'œuvre musicale;

Attendu dès lors que c'est sans droit que L.... a cédé le manuscrit orchestré des *Boussigneul* dans un intérêt commercial et que son cessionnaire B... a mis en location le dit manuscrit; que cette location abusive constitue le délit de contrefaçon prévu par les Art. 425 et 426 du Code Pénal;

En ce qui concerne le préjudice causé :

Attendu qu'il n'est pas exact de supposer avec le plaignant que toutes les représentations théâtrales qui ont été données des *Boussigneul*, l'ont été avec la partie orchestrée cédée par L... à B...;

Que les directeurs de théâtre ont pu acheter la partition piano et chant et la faire orchestrer eux-mêmes;

Qu'il n'y a donc pas lieu de calculer le préjudice causé à Rohdé d'après le nombre des représentations données et dont le chiffre est relevé par l'agent de la société des auteurs dramatiques; qu'il y a lieu seulement, en tenant compte des diverses circonstances de la cause, de fixer à 500 francs le préjudice causé à Rohdé;

Faisant application des articles précités dont lecture a été donnée par le président;

. . . .

. . . .

. . . .

Vu l'article 463 du même code: modérant la peine en raison des circonstances atténuantes;

Condamne B... à 200 francs d'amende :

Et statuant en ce qui concerne la partie civile ;

Condamne B... par toutes les voies de droit et même par corps à payer au sieur Rohdé la somme de 500 francs à titre de dommages-intérêts;

Le condamne en outre aux dépens.

———————

Appel ayant été interjeté par M. B..., l'arrêt suivant fût rendu, le 13 mai 1887.

CHAMBRE DES APPELS DE POLICE CORRECTIONNELLE
DE PARIS

Audience du 13 mai 1887

La Cour,

Adoptant les motifs des premiers Juges,

Considérant en outre que vainement B... soutient que les locations par lui faites des copies manuscrites de la musique des *Boussigneul* ne sauraient tomber sous l'application des articles 425 et 426 du Code pénal par le motif que ces articles ne viseraient que la vente ou la mise en vente ;

Considérant en effet que l'art. 426 déclare délictueux le débit d'ouvrages contrefaits; que cette disposition ne doit pas être entendue dans un sens restrictif; qu'elle s'applique aux divers moyens que peut employer un contrefacteur pour tirer commercialement parti de sa contrefaçon ; que la location est l'un de ces moyens ; qu'elle constitue un véritable débit à l'usage de l'œuvre contrefaite

et qu'elle offre, au point de vue de la méconnaissance des droits des propriétaires
de cette œuvre, le même caractère que la vente proprement dite ;

Considérant que B... n'est pas mieux fondé à prétendre qu'étant légitime
propriétaire du conducteur et de l'orchestration comme étant aux droits de L...
il n'a fait en les mettant en location qu'user d'un droit inhérent à sa propriété :
qu'ainsi que l'ont dit les premiers juges, L... n'avait acquis que le conducteur
avec l'autorisation de représenter l'ouvrage sur le théâtre de Brest, au moyen
d'une orchestration qu'il ferait faire pour ce théâtre ; qu'il n'en résultait pas que
L... pût transmettre cette orchestration à d'autres directeurs et qu'il est de
toute évidence qu'il n'a pu transporter à B..... plus de droits qu'il n'en avait
lui-même.

Que la mauvaise foi de B... est d'ailleurs démontrée par les circonstances
de la cause ;

Par ces motifs : confirme, etc.

---

*Rejet du pourvoi de M. B... contre l'arrêt de la cour de Paris,
qui précède :*

COUR DE CASSATION (Chambre criminelle)

Audience du 28 janvier 1888

PROPRIÉTÉ LITTÉRAIRE. — ŒUVRE MUSICALE. — ORCHESTRATION. — CESSION.. — INEXÉCUTION DES CONDITIONS. — CONTREFAÇON. — LOCATION. — DÉLIT. — RÉCIDIVE. — ABSENCE DE CONCLUSIONS. — MOTIFS SUFFISANTS.

*Lorsque l'auteur d'une œuvre musicale donne à un directeur de
théâtre l'autorisation d'orchestrer une partition piano et chant,
dite conducteur, à l'usage de son théâtre, ce dernier ne peut
céder son orchestration à un tiers, non seulement sans être
passible d'une action civile en dommages-intérêts, mais même
sans commettre un délit de contrefaçon.*

*Le cessionnaire qui, en pareil cas, loue à d'autres directeurs cette
partition orchestrée, commet un véritable « débit d'une œuvre
contrefaite » et tombe sous l'application de l'article 426 du
Code Pénal.*

*En l'absence de conclusions formelles tendant à contester l'existence
des conditions requises pour la récidive, les juges du fait ne
sont pas tenus, pour justifier leur décision à cet égard, de cons-
tater que la première condamnation était devenue définitive, ni
que le délit faisant actuellement l'objet des poursuites est pos-
térieur à cette condamnation.*

Ainsi jugé, par le rejet du pourvoi de M. B... contre un arrêt de la Cour
de Paris, rendu, le 13 mai 1887, au profit de M. Rohdé.

La Cour,

« Sur le moyen pris de la violation par fausse application des articles 426 et 427 du Code pénal, en ce qu'il n'y aurait, dans le fait poursuivi, ni œuvre contrefaite, ni débit de cette œuvre ;

« Attendu que des constatations de l'arrêt, il résulte qu'en vendant à L...., directeur du théâtre de Brest, le conducteur piano et chant du vaudeville *Les Boussigneul*, l'auteur de la musique ne l'avait autorisé à en faire une partition d'orchestre que pour l'usage dudit théâtre ; que la partition d'orchestre faite par L... a été par lui cédée au prévenu, éditeur de musique, et que celui-ci l'a louée successivement à plusieurs directeurs d'autres théâtres ;

« Attendu que la partition, orchestrée par L... et par lui vendue au prévenu, ayant été employée, dans un intérêt commercial, à une autre destination que celle qui avait été autorisée par le propriétaire, doit être considérée comme une contrefaçon ; qu'elle constitue, en effet, dans le sens de l'article 425 du Code pénal, une édition de composition musicale effectuée au mépris des lois et réglements relatifs à la propriété des droits des auteurs; qu'il n'importe que l'œuvre soit manuscrite, alors que d'après l'arrêt, la mise en location en a causé préjudice à l'auteur et que l'acquisition et l'usage en ont été faits de mauvaise foi ;

« Attendu que le prévenu, en louant cette partition à plusieurs directeurs de théâtres, l'a en réalité débitée, l'expression de débit de l'œuvre contrefaite employée par l'article 426 du Code pénal devant s'entendre de toute diffusion de cette œuvre dans le public, par un moyen quelconque de nature à léser les intérêts du propriétaire ; que c'est donc à juste titre que l'arrêt attaqué a fait au dit prévenu l'application des articles 426 et 427 du Code pénal.

« Sur le moyen prix de la fausse application de l'article 58 du Code pénal et de la violation de l'article 7 de la loi du 20 avril 1810, en ce que l'arrêt a appliqué au prévenu les peines de la récidive sans justifier de l'existence d'une condamnation antérieure à plus d'une année d'emprisonnement ;

. . . .

. . . .

. . . .

« Et attendu que l'arrêt est régulier en la forme,

« Rejette. »

TRIBUNAL CORRECTIONNEL DE MARSEILLE

Audience du 23 décembre 1886

PROPRIÉTÉ LITTÉRAIRE. — ŒUVRES MUSICALES. — PARTITIONS D'ORCHESTRE. — COPIES MANUSCRITES. — ÉDITION FRAUDULEUSE. — CONTREFAÇON. — POSSESSION CLANDESTINE. — USAGE COMMERCIAL. — LOCATION. — DÉBIT DE CONTREFAÇON. SAISIE. — CONFISCATION.

Les copies manuscrites de partitions d'orchestre faites dans un but commercial, au mépris des droits de l'éditeur-propriétaire, constituent une sorte d'édition frauduleuse des œuvres musicales dont elles sont la reproduction, et rentrent dans la catégorie des ouvrages contrefaits, dont l'article 426 du Code pénal punit le délit.

Le fait de détenir des partitions ainsi copiées, et d'en tenir clandestinement magasin, constitue le délit de débit de contrefaçon, alors surtout que le prévenu est un agent théâtral, et qu'il a été trouvé détenteur d'un approvisionnement important de partitions manuscrites et gravées, dans un local où il avait entreposé des accessoires de théâtre.

Constitue également le délit de contrefaçon le fait par le détenteur de partitions frauduleusement copiées d'en consentir, en France, la location au directeur d'un théâtre étranger, alors même qu'elles sont destinées à être utilisées dans un pays où la propriété littéraire et artistique n'est ni reconnue par la loi, ni garantie par les traités internationaux.

En matière de contrefaçon littéraire et artistique, la saisie faite par ministère d'huissier est irrégulière. Aux termes de l'article 3 de la loi du 19 juillet 1793, modifiée par l'article 1er de la loi de prairial an III, ce sont les commissaires de police qui ont qualité pour y procéder.

Les éditeurs de musique, propriétaires d'œuvres musicales, telles qu'opéras-comiques, opéras-bouffes et autres, louent aux directeurs de théâtres des partitions et parties d'orchestre nécessaires à l'exécution de ces ouvrages. Les bénéfices que les éditeurs retirent de cette location sont destinés à couvrir le prix d'acquisition de l'ouvrage et les frais d'établissement de la partition, qui sont parfois considérables.

Ce profit si légitime a tenté depuis longtemps certains agents théâtraux qui, ayant en leur possession, par un moyen illicite, les partitions et parties d'orchestre de différents ouvrages, louées par les éditeurs-propriétaires à un ou plusieurs théâtres de province ou de l'étranger, en font faire des copies manuscrites par des individus à leur solde, et les louent, soit à l'étranger, soit en France, aux directeurs de petits théâtres qui n'ont pas encore monté ces ouvrages.

Ces industriels honorent de leurs préférences les auteurs les plus aimés du public, et n'opèrent que sur les pièces à succès; et comme ces copies manuscrites ne leur coûtent presque rien, ils peuvent les louer dans des conditions très avantageuses pour eux et les directeurs de théâtres.

Parmi ces derniers, il en est qui ne se font pas scrupule de traiter avec ces agents de contrefaçon, au lieu de traiter avec les éditeurs-propriétaires. En sorte que, si cette pratique se généralisait, le droit exclusif que ceux-ci ont acquis du compositeur, finirait par devenir illusoire.

MM. Choudens père et fils, Brandus et Cie et Heugel, ayant découvert à Marseille le local où ils avaient des raisons de croire que le sieur C..., agent théâtral, exploitait ce commerce, ils y firent pratiquer une saisie qui révéla l'existence, entre ses mains, de partitions manuscrites des ouvrages les plus en vogue, dont la plupart était leur propriété.

Ils assignèrent le sieur C..., devant le Tribunal correctionnel de Marseille qui rendit le jugement suivant :

« Le Tribunal,
« Attendu qu'il résulte des débats que le nommé C..., agent lyrique à Marseille, a été trouvé détenteur, dans un local loué en son nom, rue ....., où il avait entreposé des accessoires de théâtre, d'un approvisionnement important de partitions manuscrites ou gravées des opéras, opérettes, opéras - bouffes en vogue;
« Que ces partitions, pour la plupart, portent les traces manifestes d'un long usage et sont, en outre, revêtues d'annotations indiquant qu'elles ont circulé dans divers petits théâtres de France et de l'étranger;
« Attendu qu'il est, en outre, établi que ledit C..., au mois d'août 1885, à X..., alors qu'il était régisseur du casino de cette ville, a livré en location pour un mois, et à raison de 4,500 francs, aux sieurs M... et Cie, directeurs du théâtre d'Alexandrie (Egypte) la musique de quinze opéras-bouffes ou opérettes;
« Attendu qu'à raison de ces faits, Choudens père et fils, Brandus et Cie et Heugel, éditeurs de musique, demeurant à Paris, ont cité le prévenu devant le Tribunal correctionnel de Marseille pour obtenir la réparation civile du délit de contrefaçon d'œuvres musicales commis à leur préjudice;
« Attendu que le prévenu soutient dans l'intérêt de sa défense que les partitions saisies en sa possession lui proviennent de directeurs de théâtres qui les lui ont remises à titre de gage et en garantie d'avances qu'il a faites pour leur compte à des artistes dont il leur avait procuré l'engagement; qu'il affirme ne les avoir utilisées que dans l'extrême Orient où la propriété artistique et littéraire n'est ni reconnue par la loi, ni garantie par les traités internationaux, soit en s'en servant lui-même dans les entreprises théâtrales auxquelles il s'est personnellement livré, soit en les louant à des directeurs de théâtres dans ces pays.
« Attendu que si les explications fournies par C... sur l'origine des partitions dont il s'agit sont invraisemblables et dénuées de preuves, et si les annotations dont elles sont revêtues font soupçonner qu'il a dû autrefois en faire l'objet d'un trafic illicite en France, les mêmes annotations indiquent par les dates qui y sont portées qu'il a cessé ce trafic depuis cinq ou six ans, et que depuis cette époque il ne l'a plus exercé qu'en Orient; mais que même réduit à ces termes, le fait ne saurait échapper à une répression pénale; qu'il constitue à la charge du prévenu le délit de débit en France d'ouvrages contrefaits.
« Attendu en effet que les copies manuscrites des partitions saisies ont évidemment le caractère d'ouvrages contrefaits constituant une sorte d'édition frauduleuse des œuvres musicales dont elles sont la reproduction;
« Qu'elles ont été débitées en France où le prévenu en a consenti la location à M..., et où il en tenait magasin rue ..... à Marseille;

« Que ce débit a été fait de mauvaise foi, le prévenu l'ayant exercé clandestinement et en pleine conscience de l'atteinte qu'il portait au monopole des plaignants dont l'un avait déjà, en 1883, fait procéder contre lui, sans résultats, à une première saisie ;

« Attendu que parmi les copies trouvées chez C..., on remarque 1° celles de *Faust*, opéra de Gounod ; *Roland à Ronceraux*, opéra de Mermet ; le *Grand Mogol*, opéra-bouffe d'Audran ; la *Mascotte*, opéra-comique du même ; les *Mousquetaires au couvent*, opéra-comique de Varney, dont Choudens père et fils justifient être propriétaires et avoir effectué le dépôt conformément à la loi ; 2° l'*Étoile du Nord*, opéra de Meyerbeer ; la *Grande Duchesse de Gérolstein*, opéra-comique d'Offenbach ; le *Roi de Carreau*, opéra-comique de Lajarte ; le *Petit Duc*, opéra-comique de Lecocq ; le *Cœur et la main*, opéra-comique du même ; le *Jour et la nuit*, opéra-bouffe du même, dont Brandus et Cie justifient être propriétaires et avoir effectué le dépôt conformément à la loi ; 3° *Mignon*, opéra-comique d'A. Thomas ; le *Petit Faust*, opéra-bouffe d'Hervé ; *Mlle Nitouche*, opérette du même, dont Heugel justifie être propriétaire et avoir fait le dépôt conformément à la loi ;

« Attendu que la saisie de ces copies a été régulièrement faite par procès-verbal de M. Surun, commissaire de police du quatorzième arrondissement de Marseille, dûment autorisé à cet effet par les articles 3 de la loi du 19 juillet 1793 et 4 de la loi du 25 prairial, an III.

« Que la plainte est donc légitime et fondée ;

« Attendu qu'il y a lieu, en conséquence, de faire application au prévenu des articles 426, 427 et 429 du Code pénal, et de le condamner à des dommages-intérêts vis-à-vis des plaignants, en même temps que d'autoriser ces derniers à faire insérer, comme ils le demandent, le présent jugement dans les journaux ;

« Attendu que le chiffre des dommages-intérêts doit être assez minime et les insertions ordonnées assez restreintes, le seul élément du préjudice justifié consistant dans le traité consenti par le prévenu au sieur M..., que le Tribunal a les éléments nécessaires pour fixer ce chiffre à 300 francs ;

« Par ces motifs,

« Le Tribunal dit et déclare le sieur C..., atteint et convaincu du délit de débit de contrefaçon qui lui est reproché ; en réparation le condamne à 25 francs d'amende ;

« Le condamne en outre à payer aux sieurs Choudens père et fils, Brandus et Cie et Heugel une somme de 300 francs à titre de dommages-intérêts à répartir entre eux suivant l'importance de leurs droits ;

« Ordonne la confiscation de toutes les copies manuscrites des partitions ou parties d'orchestre saisies dans l'entrepôt occupé par le prévenu, rue ...., lesquelles copies manuscrites sont déclarées contrefaites, et ordonne la remise aux plaignants de toutes celles ci-dessus énumérées dont ils ont justifié être propriétaires.

« Ordonne, en outre, l'insertion du présent jugement, aux frais du prévenu, dans deux journaux, l'un de Marseille, l'autre de Paris, dont le choix est laissé aux plaignants, sans toutefois que le coût de chaque insertion puisse dépasser 100 francs.

« Condamne le prévenu à tous les dépens, y compris le coût de la requête au président du Tribunal civil de Marseille, et des procès-verbaux et exploits de Cézanne, huissier, dont le ministère avait été irrégulièrement requis pour la saisie et les frais de saisie et de séquestre. »

(Extrait du journal Le Droit.)

TRIBUNAL CORRECTIONNEL DE MONTPELLIER

Audience du 19 février 1889

M. Heugel avait loué, il y a quelques années, les parties d'orchestre de *Mignon* au directeur du Grand-Théâtre de Montpellier. — Ce directeur étant tombé en faillite, on procéda à la vente de tout ce qui était au théâtre. M. Heugel réclama au syndic de la faillite l'orchestration de *Mignon*, comme lui appartenant. Le syndic ne fit nulle difficulté de reconnaître ses droits et lui retourna la musique, mais en partie seulement. Plusieurs cahiers ne purent être retrouvés, malgré les vives instances de M. Heugel. A la vente qui suivit, (il faut croire que ces parties avaient été retrouvées), M. F..., bibliothécaire du théâtre s'en rendit acquéreur. Après quoi, il compléta par quelques copies manuscrites cet embryon de matériel d'orchestre et crut pouvoir en faire trafic en louant le tout, cette année, à M. O..., directeur du Grand-Théâtre de Montpellier. Quand il apprit le fait, M. Heugel fit saisir la musique et introduisit immédiatement une action contre M. O... et contre M. F.... — M. O... se disant de bonne foi, transigea immédiatement. Il n'en fut pas de même de M. F... que le Tribunal correctionnel de Montpellier vient de condamner à 50 francs d'amende et 200 francs de dommages-intérêts. Le Tribunal a de plus reconnu parfaitement licite la saisie des copies manuscrites comme contrefaçon au premier chef.

Attendu qu'il résulte d'un procès-verbal en date du 8 novembre 1880, par M. le Commissaire de police du 3e arrondissement de Montpellier, que le dit jour, sur la réquisition de Me Laurès, avoué, mandataire du sieur Heugel, éditeur, propriétaire de l'opéra-comique *Mignon*, qu'il se transporta au théâtre municipal de Montpellier, dirigé par O..., et qu'il constata qu'on jouait ce jour-là le dit opéra-comique, qu'il trouva sur les pupitres et saisit diverses parties d'orchestre dont quelques unes gravées et quelques autres manuscrites.

Attendu que le sieur F..., bibliothécaire du théâtre, a déclaré, soit devant M. le Commissaire de police, soit devant le Tribunal, que les parties gravées de cet opéra étaient sa propriété comme les ayant acquises dans une vente publique, à la suite de la faillite d'un sieur R..., autrefois directeur du théâtre, et que les parties manuscrites avaient été copiées de sa main afin de pouvoir les utiliser pour l'orchestre du théâtre, à Montpellier ; qu'il avait fourni les parties gravées et les parties manuscrites moyennant une légère rétribution du sieur O..., qui s'en était servi pour représenter *Mignon*.

Attendu que ledit opéra-comique étant la propriété incontestable du sieur Heugel, le sieur F..., en reproduisant à la main certaines parties d'orchestre de cette composition musicale, en les remettant à O..., moyennant une rétribution, pour qu'il pût faire jouer cet opéra comique, s'est rendu coupable du délit de contrefaçon, prévu par les dispositions de l'article 425 du code pénal qui applique cette qualification à toute édition faite en tout ou en partie au mépris du droit de propriété.

Attendu que le sieur F..., ne saurait exciper de sa bonne foi, car, en sa qualité de bibliothécaire de théâtre, il ne pouvait ignorer que le sieur O... ne pouvait faire jouer *Mignon* qu'à la condition d'acheter ou de louer la partition à l'éditeur-propriétaire; qu'il avait pu voir sur les parties gravées qu'il avait achetées qu'elles avaient été louées à R..., et à d'autres directeurs de théâtres; que le fait par lui d'avoir copié de sa main certaines parties d'orchestre, afin de pouvoir les livrer, avec les parties qu'il avait achetées, au sieur O... pour en retirer un bénéfice, est exclusif de sa bonne foi, et qu'il tombe par suite sous l'application des dispositions pénales des articles 427 et suivants du code pénal;

Attendu, en ce qui concerne O..., que le sieur Heugel ayant déclaré qu'il se désistait de la poursuite vis-à-vis de lui, il y a lieu de donner acte de ce désistement;

Attendu, en ce qui concerne la confiscation, que le sieur F... ayant établi qu'il a acheté dans une vente publique les parties gravées qui ont été saisies, il y a lieu d'ordonner que ces parties lui seront remises, et que celles-là seulement qui, dans le procès-verbal du commissaire de police sont indiquées comme manuscrites seront confisquées;

Attendu que la recette n'ayant pas été saisie et les objets confisqués n'ayant pas été vendus, il y a lieu, aux termes de l'art. 429 du code pénal, de fixer les entiers dommages qui peuvent être dûs au sieur Heugel et que le Tribunal possède pour cela des éléments suffisants d'appréciation;

Attendu qu'il y a lieu de faire bénéficier le prévenu des dispositions atténuantes de l'art. 463 du code pénal;

Attendu que la partie qui succombe supporte les dépens;

Par ces motifs, le Tribunal donne acte au sieur Heugel de son désistement vis-à-vis du sieur O..., et statuant à l'encontre du sieur F..., le déclare coupable de contrefaçon des parties d'orchestre de l'opéra comique *Mignon* indiquées comme suit dans le procès-verbal : 1° trois parties manuscrites de premier violon, 2° deux parties manuscrites de second violon, 3° une partie manuscrite d'alto, 4° trois parties manuscrites de violoncelles et basses.

Et par application des art. 425, 427, 463 et 194 du code pénal, dont lecture a été faite par M. le Président, le condamne à 50 francs d'amende, et statuant sur les dommages, le condamne à payer au sieur Heugel la somme de 200 francs; prononce en outre, au profit de ce dernier, la confiscation des parties manuscrites ci-dessus visées : le tout en réparation du préjudice à lui causé; ce faisant, déclare n'y avoir lieu d'ordonner l'insertion du présent jugement dans les journaux; ordonne la restitution au sieur F... des parties gravées qui ont été saisies et rejette la demande en dommages; le condamne en tous les dépens liquidés à 17 fr. 60. »

Imprimerie E. Buttner-Thierry, rue Laffitte. 31. — Paris.

www.ingramcontent.com/pod-product-compliance
Ingram Content Group UK Ltd.
Pitfield, Milton Keynes, MK11 3LW, UK
UKHW021150220726
13924UKWH00003B/1088